上海对外经贸大学

口述史

（第一辑）

上海对外经贸大学口述史编写组　编著

上海三联书店

图书在版编目(CIP)数据

上海对外经贸大学口述史.第一辑/上海对外经贸
大学口述史编写组编著.—上海：上海三联书店，
2020.9
　ISBN 978 - 7 - 5426 - 7180 - 6

　Ⅰ.①上… 　Ⅱ.①上… 　Ⅲ.①上海对外经贸大学-校
史 　Ⅳ.①G649.285.1

　中国版本图书馆 CIP 数据核字(2020)第 170544 号

上海对外经贸大学口述史(第一辑)

编　　著 / 上海对外经贸大学口述史编写组

责任编辑 / 郑秀艳
装帧设计 / 一本好书
监　　制 / 姚　军
责任校对 / 张大伟　王凌霄

出版发行 / 上海三联书店
　　　　　(200030)中国上海市漕溪北路 331 号 A 座 6 楼
邮购电话 / 021 - 22895540
印　　刷 / 上海普顺印刷包装有限公司

版　　次 / 2020 年 9 月第 1 版
印　　次 / 2020 年 9 月第 1 次印刷
开　　本 / 710×1000　1/16
字　　数 / 180 千字
印　　张 / 15.5
书　　号 / ISBN 978 - 7 - 5426 - 7180 - 6/G・1572
定　　价 / 60.00 元

敬启读者,如发现本书有印装质量问题,请与印刷厂联系 021 - 36522998

目录

序　言

党的十九大报告中强调："没有高度的文化自信，没有文化的繁荣兴盛，就没有中华民族伟大复兴"。随着高等教育的发展，高校越来越重视作为高校文化重要组成部分的校史研究，以鼓舞师生爱校荣校，增强学校办学的软实力，提升在现代教育中的综合竞争力。

高校口述校史资料是高校历史的重要组成部分。深入挖掘和收集口述校史资料是对学校建设和发展过程中史料修补完善的需要，是弘扬学校历史文化形象、提升师生精神动力的重要举措。近年来，口述历史在高校校史编撰、校园文化建设中的作用日益被重视。许多高校利用口述资源做了大量工作，如编撰口述史系列丛书、迎接周年庆典设立"口述校史研究"、成立口述历史研究所、启动"口述校史"和"学校记忆"工程等。

2020 年 10 月，上海对外经贸大学将迎来建校 60 周年。为了向校庆献礼，学校决定编写《上海对外经贸大学校史（1960—2020）》，并在编撰校史的同时，启动口述史的征集。在听取了各方面意见建议的基础上，学校反复斟酌、认真遴选了适合进行口述访谈的对象，包括离休干部、学校老领导、退休中层干部和老教师、老校友等。在开展口述访谈的过程中，我们同时也征集到大量珍贵的照片、书稿、著作、证书等实物。通过录音录像，获得了大量生动形象、鲜活细腻的声音、影像资料。

完成的书稿以 15 名上海对外经贸大学历史的相关知情者为访谈对

象。通过不同领域、不同年代的 15 人口中的个体经历,还原上海对外经贸大学 60 年历史,尤其是办学初期的历史。访谈者口述的内容,包括但不限于:个人早期经历,何种机缘下来到学校求学或就职,求学或就职过程中的经历,学校早期设施、师资、生源、教学、科研等情况,在校期间见证的学校大事或令人印象深刻的经历,退休后的生活,在校经历对人生的影响,60 周年寄语等。

通过这本口述史,读者不仅可以对上海对外经贸大学 60 年历史的总体脉络形成概念,更有价值的是,借由一则则个体记忆还原了校史中不为人知的生动细节;通过这本口述史,读者不仅可以了解学习、工作、生活在"贸院"或"上经贸大"的"贸院人""上经贸大人"各不相同的人生际遇。这些际遇也代表了新中国成立,特别是改革开放以来国人求索、奋斗的普遍经历。从这个意义上讲,这本口述史不仅仅属于上海对外经贸大学,同时属于一个时代的全体中国人。

下面就让我们来"聆听"15 位口述人的故事,一起走近上海对外经贸大学。

口述者：徐雅琴

一时入外贸，
一世守教台

口述者简历：

　　徐雅琴，1940 年 8 月出生于上海，1961 年考入上海对外贸易学院，1965 年毕业后留校工作，任英语教师一直到 2007 年 9 月退休。座右铭：随遇而安；人生感悟：生命很脆弱，健康很重要，做个中国人真好！

访谈整理人：丁千钧、赫华程

心怀高考梦，机缘进外贸

我 1940 年 8 月 11 日出生于上海，属龙，祖籍浙江宁波。小学就读于上海浙江中路小学。初高中的学业都是在上海第六十七中学完成的。1961 年考入上海对外贸易学院。

1958 年高中毕业时，不幸被检查出患有肺结核，不能考大学，在家休养了半年后，时值大跃进高潮，正巧杨浦区日用百货公司创办了一所业余学校，需要老师，于是我被招去当了一年多老师，后来他们觉得我表现比较好，总经理需要一名秘书，搞搞文书之类的工作，我就去做这个工作了。

1961 年全国高考前，我去结核病防治所作例行检查，被告知我的肺结核已经痊愈，我很高兴，就决定马上考大学，以实现我多年的夙愿。杨浦区百货公司搞"内贸"，我想内贸跟外贸比较接近，所以就选择报考外贸学院。

我考取的是上海对外贸易学院外贸英语专业，而我在中学里学的是俄语（当时因为中苏关系较好，绝大部分中学开设俄语课），中学时俄语学得不错，所以我想大学里改学英语，也不会有很大困难吧。但实际上从俄

合影（第一排左二为徐雅琴）

语转学英语的困难还是很大的，因为我是从零开始的。我们班里大概有三分之二的同学是中学时读过英语的，三分之一同学学的是俄语，像我一样从零开始的，所以一开始学习压力很大。比如老师上课听写，不管是听写单词，还是字母，他讲的是英语，或者中文，我写下来的经常是俄语。但是后来我还是跟上了班里其他同学。

一方面我学习比较努力，为了跟上班里其他同学，我经常周末不回家，留在学校里自己给自己补课。不过最主要的原因就是我的启蒙老师非常好。我的启蒙老师一位是章关培老师，教精读（他后来是在上海大学外语学院退休的）。另一位是秦葆德老师，教语音（她是上海外国语大学退休的）。他们两位也是我们外贸学院早期培养的青年老师，因为成绩优异，就提前毕业留校了，正好教我们这个班。他们对我非常耐心，态度相当好，我有一点点进步，就不断鼓励我，我有什么困难找他们，他们就会很耐心地指导我，帮助我。这两位老师，真的，我这辈子很感谢他们。

另外，班里不管是学过英语的，还是没学过的，上课内容是都从 ABC 开始的。可能有英语基础的同学没有压力，就没有我们这些从零开始的人用功些。同时，我还要感谢我的一位同班同学——陈炳煌。他是印度尼西亚华侨，他的英语本身就很好，而且特别热心，非常乐意帮助别人。加上我比较虚心，所以受益不少。

学业进步快，母校盼留教

上海对外贸易学院成立于 1960 年，实际上 1958 年在上海外国语学院已经开设了外贸外语系。从 1958—1960 年三年里招收的都是从各个单位调来的调干生。1961 年才开始社会招生（也含有少量的调干生）。

我进校的时候发现这所学校非常小，进了挂着"上海对外贸易学院"牌子的大门，里面只有一栋 6 层楼的大楼（就是现在的贸源楼），一楼是食堂、烧水间等后勤部门；二楼是老师和行政办公室，他们都是坐得很挤的，一个办公室里坐好几位老师，领导也是这样的；三楼就是教室，每个教室大概 25 个学生；四楼加上五楼的一半是男生宿舍；五楼的另一半和六楼就是女生宿舍。每个房间住 14—16 个学生。我们学生除了早操、早读、体育课，要到大楼外面去，其他时间如果下雨的话基本上可以整天不出大楼。学校虽小，但我们的物质条件还是不错的，当时正值三年自然灾害，外贸学院有外贸局的支持，外贸公司的支援，我们的伙食就比其他大学好，所以在这里上学，大家也觉得很开心的。

那个时候的课程没有像现在学生这么多，基本上就是英语精读、泛读、语音课，有时分小班上课。另外还有语文课、政治经济学、哲学、中共党史;再有就是外贸业务课,比如说国际贸易、进出口实务、外贸函电等;其他的还有体育课。

本科四年制,第八个学期主要是实习,我和另外 5 位同学分配在上海丝绸进出口公司,当时在外滩。公司领导对我们作了精心安排,使我们有机会到各个业务部门实习:业务科、翻译科、单证科等等。目的是让我们熟悉每个业务环节。每个同学有一位公司业务员作为我们的带教老师。另外还给每个学生一次口译机会。实习结束,公司领导好像对我们的印象还不错,因为我们这些同学都很努力,上面叫干什么我们就干什么。

当时也有很多国家与我国有贸易往来,但是我印象中主要是东欧各国。我接待过一个代表团,就是从捷克斯洛伐克来的(当时捷克和斯洛伐克还没有分开)。我们去实习前学校先给我们做动员报告,是有注意事项的,不该你知道的就不要去打听。

我 1965 年毕业,当时是全国统一分配工作的,党指向哪里我们就奔向哪里。分配名单公布了,我被分配留校当老师。尽管我很向往去外贸公司,不过觉得留校也蛮好的。我们有同学被分配到新疆、山西等地。那些地方要艰苦得多,我们比他们幸运得多了。

60 年代外贸学院的师资力量是很强的。我们的老师,大都是从外贸公司调来的,有些以前在洋行里做过,都是外语和外贸业务的老法师。大都毕业于圣约翰大学、东湖大学、复旦大学的前身震旦大学等,所以他们的水平是很高的。裘劲恒老师就是外贸学院一开办就过来了,主要教干部培训班、教师进修班和高年级的拔尖班。还有汪尧田老师那个时候也来外贸学院了,他主要就是教外贸业务课,汪老英语也很不错的。尽管教的是外贸业务课,他上课有时也用英语上课。我们系主任郭忠言召开一个口语誓师大会,汪老就上去用英语发言,每个教研室主任都上去用英语发言,鼓励学生在课外也要讲英语。

我们这一届毕业留校的同学中有三名是当英语老师的:高自康、吴月霞和我。每个人都有一位带教老师,我的带教老师是英语教研室主任虞丽莲老师。我每天听她上课,她有几次让我上课,她坐在下面听。听课以后她帮我分析,哪些地方需要改进,对我帮助很大,可惜我只跟了她一个多月,十月份以后我们所有留校的同学就下乡参加四清了,我被分配到南汇县老港公社的一个生产队,主要工作是查账、访贫问苦。吃住在农民家里。到第二年"文化大革命"开始后我们才回来。

回到学校后,学校里也停课了。每天学习毛主席语录、背"老三篇"和读人民日报社论。1971年,我就去安徽凤阳五七干校了,1972年回来的,回来以后外贸学院已经撤消了,并入上海外国语学院,我被分配到外语附中当老师。到1978年外贸学院复校了,我才回到外贸学院。

要问当时学生的英语水平,"文革"前几年,学生都是通过高考进来的,特别是1962—1964年,高考录取率比较低,进来的生源质量是相当不错的。所以64、65年进校的学生,尽管因为"文革",只读过一二年外语,他们参加工作后,很快成为单位的业务骨干,有的创业成为企业家,有的成了领导干部;搞教育的、研究的,大多数人都评上了高级职称。

至于复校以后进来的前几届学生,英语水平是参差不齐的,但大多数学生英语有一定基础。他们是一群在"文革"插队期间,抓紧时间自学的年轻人,有工作经验,政治上比较成熟。他们非常珍惜这次学习的机会,所以都很用功,提高很快。这几届也出了不少成功人士,比如上海市政协副主席周汉民,上海对外经贸大学前副校长徐小薇等等。之后几届进来都是应届高中毕业生了,英语水平相对比较整齐些,基础也好得多。我教过精读,也教口语、听力课,到90年代开始教商务英语,如外贸英语会话、外贸业务谈判之类等课程。1991年开始带硕士研究生。

在教学上,我基本用比较传统的教学法进行教学,我们老师间会相互听课,各取所长。有时我也会到上海师范学院、上海外国语学院去听课,向老教师求教,把他们好的教学经验用于课堂教学。我在教授外贸英语会话时,曾经让几届学生做过模拟谈判,让学生按情景对话,并且在电教馆老师的配合下,进行录像,然后让学生观看自己的视频,找问题,找差距。我带的研究生入学时,我会开一个新老研究生见面会(都是我自己带的研究生),请二三年级师兄师姐介绍如何克服困难完成前期的课程,以便新学生能较快地适应新的学习环境。在研究生毕业论文答辩前,我每年会发动我带的研究生组织一次模拟论文答辩,让一二年级的研究生事先阅读毕业班师兄师姐的毕业论文(这样低年级的研究生就会知道一篇硕士论文该怎么写),然后让他们准备好问题,扮演模拟答辩委员会的评委,向论文作者提问题,让他们回答。模拟答辩的目的是让即将参加答辩的研究生事先锻炼一下,以便比较从容地应对毕业论文答辩。

从教这么多年,我热爱教师这个职业,也热爱学生。当然我对学生是严格要求的,考试分数打得比较严,也不容忍学生做作业马马虎虎,随便抄袭。这样的学生可能会对我有意见。但是不管是本科生还是研究生,我都把他们当作朋友看待的。随着我逐渐变老,我与学生之间的年龄差距越来越大。开始时他们是我的大朋友,慢慢地变成了我的小朋友。他

庆祝中国共产党成立七十周年讲话

们学习或生活上碰到困难,我会尽力帮助解决。我的大多数学生朋友们对我是非常友好的。很多学生愿意同我讲心里话,也很关心我。有一次,我的脚扭伤了,走路一瘸一瘸的,住在湖滨楼,就有同学到湖滨楼来看我,还帮我到食堂买饭。在我生病住院期间,有很多同学来医院或家里看望。我教过的学生,多数已经成家立业,有的还有了孙辈,家庭幸福,事业有成;很多仍然同我保持联系,有空见个面,逢年过节在微信里问个好。在朋友圈里时时有好消息传来,我感到欣慰,也为他们感到骄傲。

当教师是没有星期天的,除了上课,还要搞科研。搞科研要有时间,还要有发表论文的途径,当时对我来说有一定难度,所以我写过的论文比较少,参编或主编的教材比较多些。幸亏当时对科研的要求还不像现在那么高。现在学校里对科研的要求越来越高。很多老师在完成繁重的教学任务外,科研方面也做得非常出色,我很佩服他们。

远赴澳洲,促校际交流

我是作为中澳两国的交换生之一去澳大利亚进修的。不是第一批,好像前面已经有两三批了。黄源深教授是第一批的。我们这批交换生一共8人,来自全国各地的大学,我们学校就我一人。我在悉尼大学读的是语言学,我们语言系主任是 Prof. Halliday,世界有名的语言学家,早年曾在中国留过学,中文说得相当好。我的导师是 Dr.Gibbons,他是主攻应用语言学的。澳大利亚地广人稀,全国人口还不如上海人口多。所以一踏上这个国土,就发现那里非常非常的安静。

因为是第一次出国,人生地不熟的。不过已经有中国留学生在那里进修,他们为我安排好了住宿,带我熟悉周围的环境,介绍当地的风俗习惯,还带我去澳中友协,在那里我认识了很多澳洲朋友。所以我很快就习惯了澳洲的生活。

学习是要啃硬骨头的。老师上一门课就给一张书单,要求你要把这张书单上的书读完。拿了书单马上就要到图书馆里去借,晚了借不到,就得自己买书或者复印。借到以后,就要读,一天起码要读几十页,甚至一百多页。囫囵吞枣地看,慢慢地就看懂了。反正觉得学习压力蛮重的,每门课要做 presentation,写 course paper,最后写毕业论文。那时还没有电脑,所有的书面作业都是在打字机上完成的,打字机不像电脑,可以随时修改,要是一页纸上有些内容需要修改,就要换纸以后重新打。所以我写 course paper 一般先手写打好草稿,然后再用打字机打出来。至于大论文,需要反复修改,我只好剪剪贴贴,反正终稿要花钱请专人打印的。

澳大利亚有一个澳中友协(Australia-China Friendship Society)的群众组织，对中国是很友好的。他们每月开一次会或搞一次活动，会邀请我们去参加。集会上我们会被问到很多关于中国的问题，这些80年代的问题今天听起来会觉得很奇怪可笑。比如，"听说中国人每天的收入只有一个澳币，你们是怎么生活的？""听说中国人不分男女，衣服只有黑、兰、灰三种颜色？真的吗？""中国1997年要收回香港，有没有可能？"我们会一一解释，表明政治立场。后来他们还邀请我去一些中小学给学生做讲座，介绍中国情况。

在澳洲呆的时间长了，也结交了一些朋友，也为学校做了些牵线搭桥的工作，比如：

1. 1984年邀请悉尼大学语言中心主任来学校短期讲学；

2. 1985年邀请一位澳洲朋友来校任教一年，后来学校又介绍她到对外经济贸易大学(当时北京外贸学院)任教；

3. 90年代初邀请一位澳大利亚皇家律师到法学院作短期讲学；

4. 1997年以后，应澳中友协要求，外语学院主办了3期外国人学中国画的学习班，邀请了外校的方仲华老师教授中国书画，反响很好。有些老外从没有来过中国，也没有接触过中国书画，办班的成果是他们了解了中国，加强了中澳文化交流，弘扬了中华文化。有的老外不止一次来校学画、学中文，学生范围从澳大利亚扩展到新西兰和新加坡。方仲华夫妇还2次受邀到澳大利亚讲课，办个人画展。

心系学校，衷心献祝福

我是2007年退休的，当时67岁。不久，教务处就来电说要聘我当督导员，工作就是听听课，写个评语。我觉得这个工作挺轻松的，还可以向其他老师学习。另外，我当时还带着两届研究生，他们住在松江，我去松江听课也便于对他们的论文进行辅导。那我做督导员不是一举两得嘛，所以我接受了。

当督导员的时候，听了很多课，觉得很多老师上课都很有特色。有些老师使用的是传统教学法，流利的英语加上一支粉笔，整堂课安排得非常紧凑，学生思想高度集中，与老师配合默契，课堂效果非常好。另外有些青年教师，课前做了充分的准备，找资料，做 ppt，启发了学生的想象力，课堂效果也很好。不过有时 ppt 用得不好就达不到启发扩展学生思维的效果。我想现在肯定已经得到改进。

当督导员时我还发现了一个问题，就是有些青年教师不敢对某些上课不遵守纪律的学生提出批评。因为当时有学生给老师打分的"潜规则"，老师怕学生给自己打低分。后来我向教务处提过意见，好像教务处坚持这个政策没有改。

我从 1961 年进外贸学院到现在已经 59 个年头了，可以说是外贸学院的"老土地"，当然健在的"老土地"不止我一个，同我一起进校读书、一起毕业留校工作到退休的还有外语学院的高自康和研究所的陈强顺。另外还有二位更老的：一位是经贸学院退休的李正方老师；另一位是原总务处长黄锦春老师。他们是 1960 年进校的，第一栋教学大楼建造时，他们还在这块土地上劳动过。我们上海对外经贸大学的成长发展过程是坎坷艰辛的。1958 年，上海市外贸局已经在上海外国语学院的西江湾路分校设立了外贸外语系，58、59 年从各单位抽调了青年干部分别学习英、法、日、西四个语种。随着外贸事业的发展，1960 年外贸外语系从上海外语学院分离出来,成立了上海对外贸易学院,招收了最后一届调干生。仅仅过了一年,因为三年自然灾害,外贸学院就停办了,又回到上海外语学院的西江湾路分校。到1964年,国家经济形势有所好转,外贸学院复校了。复校二年后,"文革"开始了,学生下乡,老师去五七干校,接受贫下中农再教育。1972年,经上海市革命委员会决定,停办外贸学院,教师全部并入上海外国语学院,重新分配。时隔一年,当时的对外贸易部部长白相国到上海视察工作,才发现外贸学院已经关闭。据说白部长说过一句话,"上海是重要的外贸基地,怎么可以没有外贸学院?"于是,外贸局就在古北路外贸学院的旧址成立了一所上海财贸外语学校。到1978年全国恢复了高考,外贸学院才在原财贸外语学校的基础上再次复校,直接隶属外贸部。复校的时候,一部分老师回来了,大多数老师没有回来,他们说:"说不定外贸学院哪天又要关门,我们不想再来回折腾了。"在外贸部的关心和领导下,复校后的外贸学院有了较快的发展,在上海也有一定影响,记得90年代初期以及之前几年,外贸学院与复旦、上外等高校是同批招生的,报考外贸学院学生人数很多,录取分数线很接近。但到1994年,外贸学院划归上海市领导,与经贸部脱钩了。之后,不知道什么原因,把我们划到二本录取的高校中。但尽管如此,我们的录取分数线也是超过很多一本高校的。我们的四六级英语考试成绩在全国高校中一直是名列前茅的。学校的教师队伍不断壮大,年轻的博士不断充实到教师队伍中来。经过不懈努力,我们外贸学院终于在2013年4月"晋升"为上海对外经贸大学。现在上海对外经贸大学已经成为一所有6大学科门类的多科性财经外语类大学。它的成长发展是中国高等教育史和外经贸发展史上的重要一页。60年来我们学校为中国的外经贸事业培养了无数高端人才,这是功不可没的。遗憾的是,尽管学校在各方面取得了很大成绩,至今还没有争取到一个博士点。

在 60 周年校庆来临之际,我祝愿上海对外经贸大学越办越好,遵循"诚信、宽容、博学、务实"的校训,以德育人,以德治校,为我们国家培养出更多德才兼备的外经贸人才。最后,我预祝上海对外经贸大学今年申博成功!

口述者:潘龙飞

在母校怀抱中的
点滴记忆

口述者简历:

　　潘龙飞,中共党员,1942年1月14日出生,1961年秋考入上海对外贸易学院经济系。1965年7月毕业,后分配到天津外国语学院。1979年11月调回母校外语系任教,1986年6月被学校推荐为长宁区第六届政协委员。1987年6月任中国驻澳大利亚悉尼总领事馆商务领事,任期四年,后因工作需要延长一年,1988年8月在总领事馆加入中国共产党。1992年5月调回到外贸学院外语系任教,不久调任国际经济合作系任副主任,后任支部书记。1995年春,经济系、企业管理系、国际经济合作系组建成经贸学院,任总支书记。1997年11月,调任校长办公室主任。2001年底退休。兴趣爱好:阅读和音乐;座右铭:认真工作、正派做人。

访谈整理人:官善明

求学上外贸

我是 1961 年秋从南汇农村考入母校的,当时的校名为"上海对外贸易学院",英文为"Shanghai Institute of Foreign Trade"。那年招收了英法日及阿拉伯语四个语种的同学外,还有预科班等。贸院当时分两个教学校区,古北路 620 号为预科班和一年级二年级教学校区,虹口区西江湾路是三四年级教学校区。一年级同学都是通过当年高考的高中生和部分调干生,二年级以上同学均为调干生。当时贸院古北校区只有一座教学楼及一些平房,大礼堂尚在建造中。我们两个年级及预科班同学的学习住宿食堂及全校行政全部安置在教学楼中。

当年招收的一年级同学中有相当数量来自农村,他们的生活非常俭朴,一般都是土布衣裤、土布鞋,有几处补丁的也一样穿,这可以说是当时大学校园独有的一景。这些同学为节省车费,周日、节假日留校,因而当时贸院校园里周日、节假日人气仍很旺。

1961 年由于自然灾害造成我国国民经济暂时困难,粮食和副食品严格执行计划供应。在当时困难的条件下,党和政府对学生还是很照顾的,

在知识门旁双杠活动处留影

每个学生的粮食定量一般高于市民。但男同学们还是感到每顿饭都没有吃饱。贸院的食堂在当时的大学食堂中算是很好的,因为上海对外贸易局下面的上海市食品进出口公司的那些出口不了的肉、蛋等流进了我们的食堂。在油料供给方面,外贸公司在计划外也供应一些。即便这样,特别是一些来自农村饭量大的男同学们,要喝一大碗没有半滴油星的汤来抵抗饥饿感。

1962年春节后开学,正当我们努力学习之际,从高年级同学那里传出"上海对外贸易学院停办"的消息。当时我们低年级的同学,特别是那些来自农村的同学,情绪十分紧张不安。记得期中考试后,校领导召开师生大会,传达国务院关于"上海对外贸易学院停办"的通知及文件。大会上,不少同学流泪了,传达文件的齐维礼院长、谭守贵书记等校领导也十分动容。他们反复向师生们解释国家的困难,表示一定做好全校师生的工作和学习安排。那年七月间,一切安排完成了,我们并入上海外国语学院新成立的外贸系。

一九六五年毕业证书

　　由于党中央实行"调整、巩固、充实、提高"调整国民经济的正确方针，自然灾害造成的困难不到两年时间就被克服了。1964 年春，我国经济形势已大有好转，学生的伙食费从每月 12.5 元调为 15.5 元。春节后开学不久，我们听到了"上海对外贸易学院将复校"的消息。当时我已是"大三"学生。外贸系的同学们为能拿到"上海对外贸易学院毕业证书"而兴奋不已。1964 年秋，我以四年级学生的身份迎来了上海对外贸易学院 64 级新生。在开学典礼大会上，我们见到了久别的齐维礼院长、谭守贵书记及其他院系领导。大会后，校系领导来到学生宿舍，为阔别两年后重逢互致问候。

　　1964 年的贸院只有大礼堂和教学楼两座建筑物。学校规模是小，但我们无比热爱她！我们一边上课一边整理校园、种树拔草，当时的快乐情景，犹在眼前。那学期开学精读教材的第一课是新华社人民日报红旗杂志的 1964 年的新年献辞"乘胜前进"（Continue The Triumphant Advance），学习时同学们都说，我们相信贸院也会乘胜前进。

1965年仲夏,我毕业了,分配到天津外国语学院英语系任教,走上了教师的工作岗位。"文革"中母校停办了。1978年母校再次复校时,我于1979年11月调回母校任教。

任教上外贸

1979年11月我调回母校时,母校或许是上海最小的高校,占地面积同我毕业时完全一样。我毕业时9号楼已建设完成并有部分学生入住,调回母校时多了4号楼和7号楼及两楼中间的两层小楼。学生有1979年春开学的二年级7个班和1979年秋开学的一年级3个班,不到300人。部分教师来自外语学校(中专),从外省市调进一部分,其他都是来自公司的业务员,基本上是"愿来即进"的状态。据说部分教师进校前,从未站过讲台。在我进母校工作前,上海对高校外语教师进行一次外语考试,因我没赶上这次考试,后同我校十多名教师到当时的上海外国语学院补考。校领导对这次考试很看重,成绩不合格者,有些调离教师岗位,有些回原来公司,有些调其他学校。

1978年复校后,学生都是通过高考招生进校,不再有调干生。我原工作地——天津外国语学院于1971年开始招生,调来母校前我任外语教师近十年。当时贸院一二年级用的教材是"新概念"英语,比天津外国语学院一二年级用的教材要浅一些。我调贸院时把天津外国语学院所有录音材料的目录抄了一份,到校后把目录交到校语音室,他们划出认为有用的部分,让我回天津调工资时到天津外国语学院复制,记得一共有25盘左右。上课时我把有些录音带到班上放过,听不明白的人挺多。但贸院学生上课热情高，提问多，这些优点北方学生不及。

在贸院我从学生身份转换到教师岗位，一直感到学校上下紧抓教学质量是一贯的。我上学时英语教师、业务教师对我们要求严格，虽然在1962年秋我们成为上海外国语学院外贸系学生，但因系领导调动很少，紧抓教学质量的氛围没有变。1963年我们从二年级升三年级时，每班有4—5人因成绩不合格除名。记得我入学时我们一年级三个班是73人，到毕业时只有57位毕业生。我从澳洲回校后，在任系副主任、系支部书记或经贸学院总支书记期间，曾在不少学生的退学手续上签过字，后在校办负责人时也在不少学生的退学手续上盖过章。我感到上海对外经贸大学有今天这样好的局面，同紧抓教学质量很有关系。

赴澳担任商务领事

1987年，经贸部外派我到悉尼任商务领事，因为当时我校属经贸部领导，经费也来自经贸部。当时该部有四所大学即北京对外贸易学院、上海对外贸易学院、天津对外贸易学院和广东对外贸易学院。我赴澳前在北京集训，四校的教师干部在一起，其中天津贸院的党委书记赵辛如，他去秘鲁使馆任商务经济参赞。我们学校从1985年开始有外派任务，每两年一批。我在澳洲悉尼总领馆商务处的日常工作是对国内公司驻澳代表处或公司的管理、商务纠纷的协调和处理等，同时对澳洲经济情况、贸易情况、市场容量及澳洲贸易动向等进行调研和预测，每三个月写成一份报告，有大事即报，因而会见来访官员或拜访的任务较重。同样重要的，因为我是学校出去的，我对澳洲大学很关注，学校也有一些指示，同澳洲大学

在澳大利亚的辽宁省产品展销会上

商议合作办学等。为此,我以公职身份访问过悉尼大学、新南威尔士大学及昆士兰大学等。在促成我校外派代表团访问中,我的工作是陪同、向导和汽车司机。随着学校划归上海市领导,我校教师干部的外派安排基本结束。

1994年,学校由经贸部划归上海市,签划归协议的是上海市副市长谢丽娟和经贸部副部长李国华(前院长封福海的同班同学)。签完协议后两位女领导来到我校校领导和全体中层干部参加的中心组学习会场讲话。李国华说:作为娘家,经贸部一定给足"嫁妆",上海对外贸易学院教师干部的外派安排照常,不会变。谢丽娟说:作为婆家,上海市一定给一个大大的"红包"。

我在商务领事任上除做好日常工作外,还给馆员和家属们上外语课,每周两次,主要讲词汇和语法,有四年多时间。很多家属在国内是中小学或大学教师。参加学习的馆员和家属反应尚好。在我离任时,馆员和家属们要求许光健总领事奖励我。经总领事许光健批准,总领事馆办公室给我买了一套镀银茶具，460多澳元。当时新华社驻堪培拉的首席记者陶志彭是我在外贸学院同届同系同过班的同学，他知此事后来电说，他驻过多国，从没听说使馆或领馆这样奖励过自己的馆员。

再回贸院任职

外派回校后我即担任部门负责人，在九年多的工作经历中，给我印象最深的是在那段时间，上海对外贸易学院是撤还是并一直困扰着校领导和师生。眼望全国，天津贸院成了天津南开大学外语系的一部分，广东贸院并入了广东外国语学院，上海贸院能独存吗？当时，以皮耐安书记和王新奎院长为首的几位领导，在那种谣言纷起前景不明的逆境中，同全校师生一起，做到"思想不乱，队伍不散，工作不停"，全力紧抓教学工作，努力推广学分制，紧抓师资队伍建设，鼓励年青教师提高学历层次，为他们业务进步提供机会和条件，同时引进部分教学骨干，紧抓学校软件硬件建设，建设松江新校区，大大改善教和学的环境与设施。皮耐安书记和王新奎院长在上海对外贸易学院前进发展道路上是留有功勋的，他们的功勋是不应被忘却的。我深深地崇敬这一届校领导们。

结　语

今年是母校六十周年华诞，我这个学子在母校的怀抱中度过了二十多个寒暑春秋。耄耋之年，感恩之心无法平静，恋念之心无法割断。作为学子，如祝母亲长寿一般，祝母校在前行的道路上一帆风顺，扬帆远航！

口述者：王锦雯

重逢皓首
笑逐颜

口述者简历：

　　王锦雯，中共党员，1946年出生于上海，1965年进入上海对外贸易学院经济系学习，1970年被分配到山东省济南军区农药厂接受部队再教育，1972年进入山东省聊城地区东阿县物资局工作，先后任山东省聊城东阿县物资局科员、科长、副局长。1986年至1996年，任江苏省外运公司张家港办事处副主任及张家港分公司副总经理。1997年，由江苏张家港借调上海，任中外运集装箱运输有限公司经理部人事党务经理，至2006年退休。2015年当选为上海对外经贸大学上海校友会第二届校友会副会长。

座右铭：不忘初心，充满正能量，有益于社会是一辈子的事！

访谈整理人：张谐怡

耳濡目染，走进校门

我出生于上海，父母那一辈从老家江苏常州来到上海。我的姑妈和姑父在上海参与经营一家名叫永生医疗器械的厂。他们将很多同乡、亲戚招到厂里来。20世纪30年代，我父亲初到上海，便在姑妈的厂里打工。等到父亲在上海落下脚后，才把我母亲从常州接了过来。后来经姑父介绍，父亲跳槽到上海另一家公司即新亚药厂，在厂里的玻璃车间做拉丝瓶子的学徒，一待就是几十年。在嫁给我父亲后，我母亲最初也在药厂里工作了几年。他们在工厂里上班，当时工厂里选拔一些在解放初期老实本分、本质好的工人入党加以培养。就这样，父母成为在解放初期就入党的老党员。我父亲逐渐成为厂里的骨干，当过人事科长，党总支的委员。我母亲是祖母给父亲找的童养媳，曾经历过诸多磨难。解放前那几年，特别是1946年我出生以后，当时因为战争许多人都失业了。加上我妹妹和弟弟们接二连三地出生了，母亲没法出去工作，便在家照顾我们。我母亲对党非常感恩，在20世纪50年代她就义务为里弄工作，后来进入街道的编制，曾担任过里弄的党支部书记。我的父亲母亲他们的文化水平不高,但是一辈子对党的事业忠心赤诚。这一点使我们做子女的耳濡目染,受影响非常大,家庭传统的教育特别是正能量的教育熏陶多。在我的印象中,父母亲都是党的骨干,是党信任的对象,从事的都是部门中较重要的工作。

1946年我出生时,家住在上海杨树浦路通北路,是借住亲戚家的房子。姑父经营有积累以后,姑妈家用金条置换了住所,继而搬到了成都北路。解放初,姑妈把她们家原先住的静安区江宁路562弄(玉佛寺附近)的房子赠予我的父母,我们一家就搬了过来。我小学就读于江宁路第一小学,担任班里中队长。那时,少先队是一个比较突出的组织,每年的六一儿童节,大队辅导员让每个班都排节目,我作为文艺委员辅助大队辅导员排练节目,和大队辅导员的关系较为密切。初中时,我就读于上海五四中学。毕业的时候,我和同班关系比较好的几个同学向往住校生活,于是约好一同考去了松江二中。进入高中后,我文科比较好,是班里的语文课代表。班主任是一名语文老师,我的高考志愿就是在她的指导下填写的。我的第二志愿里报考的第一个就是外贸学院。当时,外贸学院的录取通知书寄到了松江二中。从我个人角度来说,那时候石库门弄堂里高中毕业的都很少见,能够考进大学是足以轰动整个弄堂的大事。作为一名工农兵子弟进入大学,可以说是凤毛麟角。我和家里人心情非常激动,都是在党的关怀下才能有这样珍贵的机会。

求学之路,见证外贸发展

1965年我进入外贸学院求学,可以说我的入学得益于国家的外贸政策。20 世纪 60 年代初期,中国的对外贸易事业刚刚处于萌芽状态,这一时期我国受到西方国家的封锁,又遭遇了三年自然灾害,国家外汇紧张,经济困难,因此需要发展外贸,出口就需要大量的外贸人才。上海的指导思想是比较明确的,可是上海的外贸人才奇缺,专业的干部又太少。当时已有的外贸人员大多是国民政府遗留下来的,国家不能完全放心。进入外贸学院以后,学校的定位是自主培养中国的外贸领域人才。国家花了大本钱培养我们,体现出政府对外贸学生的重视,学生们普遍希望能够为国家的外贸事业奉献自己。

外贸学院成立之初师资缺乏,许多教师都是外贸公司的老员工或骨干力量,把他们请过来做老师,有些老师还有留学的学习背景。外贸学院成立后最初的三年,即从 1960 年至 1962 年,学生生源全部都是从外贸战线抽调的在干生、调干生,是外贸公司选出的一批比较年轻、优秀和有培养前途的学生,加以定向培养,最后再回去充实外贸事业的力量。外贸学院从 1964 年开始面向社会招生,我是 1965 年考入外贸学院的,是外贸学院开始对社会招生入学的第二届学生。招生时的原则除了分数以外,还要求家庭成分要好,家庭出身最好是工农子弟。

1965 年,我刚踏进外贸学院的时候,最直观的感受就是校园比较小,不像现在的松江校区那么大。以前的外贸学院位于古北路,那时没有扩展的余地。学校只有一栋综合楼,没有单独的宿舍楼,女生就安排住在综合大楼的顶楼五楼,男生则住在四楼,底下三层是供教学用。刚开始时,条件相对艰苦,那时候的学生们更注重学业,而不是环境,不要求学校大而全、人文好、景观漂亮,没有这个概念。慢慢地,我习惯了校园生活,觉得校园小也很方便。以后陆陆续续盖了一些宿舍楼,我们才搬到学生宿舍,

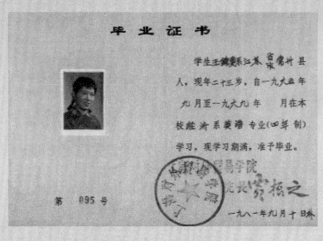

录取通知书与毕业证书

后来又建了教学楼,作为教工的办公地点,又盖了图书馆、食堂、游泳池、操场。随着时间的推移,学校的基础设施日渐完善起来。

我进入外贸学院的时候,院系设置很简单,只有两个系:外语系和经济系。我这一届,外语系的学生有山东、安徽、江苏籍的,以华东片区为主,上海本地学生的比例小。经济系学生有浙江、上海籍的,以上海为主。当时经济系一共5个小班,每个班20人左右。我是经济系5班。每个班有正副班主任,100个学生里面,有1个政治辅导员,负责抓学生的思想政治教育,培养学生党员。班主任会经常找学生谈话和家访。班级有支部委员,年级有政治指导员,系里面有党支部和团总支,可以随时对学生的学习与生活进行帮助与指导。经济系每个班的基础课程是一样的,有英语、政治经济、汉语课还有外贸经济课。外贸经济是大课,五个班在阶梯教室一起上。求学期间,每日的课程安排得很紧凑,百分之八十的时间都在学习。二年级开始逐渐加重外贸业务课的学习分量,开始学习外贸专业课程。什么是外贸?外贸应该做些什么?外贸的基本流程?外贸专业人

古北路校区门口与工宣队队员合影　　　　摄于综合大楼前（前排中为王锦雯）
（二排左四为王锦雯女士）

员如何操作？怎么出提单？怎么出外贸单证？这些是最基本的外贸基础知识。

　　一年级和二年级重中之重是学习英语，必须要把英语的基础打扎实。经济系前三个班学生高中时学习过英语，四班和五班高中念的是俄语，所以学习英语难度大。那时候我所在的班级正副班主任全部是英语老师，正班主任重点抓教学，副班主任侧重关注我们的生活。外贸学院的英语课程抓得很紧，外贸学院英语课从国际音标和24个英语字母开始教起。英语教学上，学校的特色教法是"听说领先法"，这是由外贸工作的性质所决定的，因此听说能力要求在读写能力之上。当时学习的是正宗的美式英语。外贸学院给我的整体感受是学风正，学生勤奋，老师都是从各地抽调的英才，业务能力突出，专业水平高，责任心强。外贸学院当时权威的英语教师有章申、陈文达老师（现居美国）。教室录音机中我们听的灵格风（风格）就是这两位老师的录音带。让我印象深刻的还有65级经济系的教研组长俞丽莲老师。她曾经留学美国，英文水平很高，擅长语法教学。

摄于贸院图书馆内 摄于贸院礼堂前

另一位英语语法上的权威强增吉老师,他是我先生当时所在班级的班主任。给我们上课的还有其他一些权威知名的老师,比如曾任远东国际军事法庭中国代表团秘书、检察组助理检察官的裘劭恒老师。当时他教 66 届和 67 届高年级学生。为了提升我们的外语水平,学校定期组织学生观看外语电影,并且很多都是内部版,还未在社会上公开放映,比如《简·爱》、《乱世佳人》这一类。那时候能在学校里看电影是一件非常开心的事情。为了帮助有困难的同学学好外语,外贸学院班级中还成立了互帮互助小组。像我们班,浙江学生多,来自绍兴、上虞、丽水、象山、临安这些地方的同学念英语发音有点困难,就叫几个英语口语好的学生成立一帮一小组纠正发音。

因为是为上海外贸局培养的学生,64 级和 65 级这两个年级的学生有个很大的特点,就是和上海外贸局下的各种专业公司关系比较紧密。我们这些班里的学生,会不定期被派到外贸公司去。去了之后,并不是直接让我们去外销员的岗位上,而是给我们呈现外贸工作的整个流程。我曾经去参观过外贸公司,公司里的外销员,每个人在格子间里办公。这一过程使我体会到外贸工作的环境和氛围。当时的外销员压力不小,因为每年都有需要完成外销的指标规定。我印象比较深的是,寒暑假包括平时定期被派到外贸仓库去理货。集中在外滩一栋楼有几个外贸公司,根据行业不同,可以细分为食品、土特产、纺织品、五金、医疗、文体公司。一次我被派到外贸出口的服装公司,负责将衬衫包装进包装盒。经济系的学生原本毕业后的就业方向是外贸经济中的对外贸易业务,对口上海的十几家外贸公司里外贸公司业务员或外销员的岗位。外语系的就业方向是外贸翻译为主。毕业后,许多同学进了外销公司,也有个别留校任教的,而我后来进了外贸运输公司。

在那个年代,政治气氛浓厚,我进学校的时候还不是党员,先入了团。同学们都十分积极,都写了入党申请书,可是入党机会很难得。当时一个班一年才能培养一个学生党员。外贸学院的教学氛围淳朴,学生按照学校安排的课程踏实念书,那时候的社团活动不多。学校也鼓励多去外面活动,不要总是顾着学习,多锻炼身体,有时也组织一些军训,总体而言业余时间并不是很多。外贸学院围绕专业课程安排一年两次务农,在上海本地下乡支援,如在颛桥等上海郊县一带帮农民收割稻子。

柳暗花明,砥砺前行

我们这届是"文革"前招进来的最后一届,也是外贸学院历史上在校年限最长的一届。我是 1965 年进入外贸学院的,原本应该 1969 年毕业,因为"文革",到 1970 年 7 月份才毕业。1970 年 7 月份我毕业之后没多久,外贸学院就撤校了。

我们是特殊的一届,亲身经历了"文革"的全过程。在文革之前,学生毕业工作由国家计委负责,计委统计名单,每个学校院系招收的学生数量和毕业生数量。对大学毕业生,教育部都是有具体分配方案的,按条线落实到每个院校每个大学生。"文革"前,外贸学院的毕业生全分配在沿海的港口城市。"文革"开始后,毕业分配没有按照专业与需求分配,也没有固定标准,划片区进行分配,山东省、辽宁省、浙江省、江苏省、安徽省,以华东片区为主……此外,空四军还从毕业生中招了一部分特招生,从事军队的电台翻译工作。64级、65级每一批都招去了十几个。我们经济系,除了极个别的学生能分配到广州、天津等,绝大多数都是分到各省的小地方,山东、江苏、浙江、安徽等地,而且在一开始不能到单位,我就被划到了山东省。包括我在内的25个同学乘同一班火车离开上海到山东。山东离上海多远,要去到山东的哪里?那时候的我脑海中没有概念。

被分配到山东的第一个阶段,有一年零三个月的时间是到部队去接受再教育。我们25个同学一起分到山东省济南军区农药厂接受部队再教育,在此期间按部队方式生活,每天吹号起床去跑操,每天两次班务会,有时还要开连队会,夜里紧急集合拉练。一起在那里的有来自上海华东师范大学、上海师范学院、外贸学院和北京一些院校的学生。另外一项任务就是完善工厂的基本建设。

一年半以后,我和先生一起被分配到山东聊城东阿县。因为聊城当时尚未有外贸公司,所以1970年我们被安排到物资局,我被分到财务的工作岗位上,先去做了出纳。我先生则被分到物资计划方面的岗位。当时国家实行计划经济体制，国家计委一层一层的把国家的物资做一个计划，层层分到各省，从省里再到各地区各县落实计划。在东阿县的物资局，我从出纳做到主管财务工作，一步一脚印做到财务科长、物资局副局长。那时候的我们不知道什么是三观，但我在山东基层工作的十几年，对我的一生影响非常大。我和我先生从外贸学院毕业以后，进入山东东阿县，扎根基层，幸运的是在物资局里碰到一个十分关照我们的领导贾局长。贾局长对我和我先生都十分赏识，着力培养我们。我们这一代人也是亲历了新中国成立以后社会变迁和重大历史阶段，见证了祖国从冲破计划经济，到实行改革开放，确立市场经济体制的整个过程。勤奋工作对我来说是最基本的人生准则，进入山东省以后加上在部队锻炼的时间，一共待了16年。我申请入党的时候，东阿县的组织部门亲自到物资局来考察，物资局对我和先生比较信任，加以培养。因此，这十几年虽然在山东工作，但是人生的基础奠定了非常扎实的基调。我的人生观也是在这个过程中潜移默化形成的。后来到1983年，物资局要选拔一批年轻干部，我就被提拔为物资局副局长。后来山东东阿县成立了外贸公司，我先生就被调去，去充实外贸公司的业务力量，分管外贸业务，而后任外贸局的副局长。

随着父母年纪渐长，作为家中的长女，从开始工作以后我就远离家乡，一直没有照顾到父母，心里很是愧疚，牵挂着父母，这个时候就想从山东调回上海，想回到家乡。当时正值改革开放初期，各个省都开始走摸索的道路。凑巧的是，在山东这些年，我有一个外贸学院的老同学经常到山东东阿县游玩，从她那得知，外贸学院的老同学叶坚从上海调到江苏任经贸厅的副厅长，分管外资、外贸公司、外运公司几部分的工作，正在招

王锦雯女士与其先生合影　　　　　　贸院成立40周年，与校友印月丽等合影

兵买马，广泛搜罗外贸学院的同学。就这样，我给老同学叶坚写了一封信，递上简历。当时，江苏张家港正准备着力发展港口业务，这也属于叶坚参与张家港港口开放与开发的本职工作范畴。他说，我们外运公司在张家港设立了办事处，那边正好缺人手，张家港的港口刚在开发，条件也蛮艰苦的，你们要做好思想准备。外贸要发展，必须要吸引一部分外贸专业的人才，他到各个省去招聘，招到了一部分外贸学院的毕业生或在外省外贸公司工作，愿意调到江苏的人。张家港的港口本身也是新开发的对外港口，主要是为了江苏的外贸物资出运。80年代虽然上海港口的规模还没有现在这么大。张家港出口的货物需要借上海的港口运出，因此张家港建设自己的外贸港口的话，就不需要通过上海，可以直接出口，这一切都亟待人选去筹建。1986年在我39岁时，从山东调到江苏。

就这样，我和先生去了张家港，充实港口开放事业的力量，张家港办事处当时成立有几年了，但是规模还是不大。后来发展到几百人，有大型仓库、保税仓库。我在江苏省中国外运江苏公司张家港办事处待了十年，后来先后担任江苏省中国外运江苏公司张家港办事处副主任、张家港分公司副总经理、中外运集装箱运输有限公司经理部人事党务经理。在山东的经历，使我丰富了人生的阅历，积累了工作包括基层工作的经验，而且经历了入党和提拔一些过程。进入张家港时，我是作为一名成熟的干部被引进的。1996年底，我在系统内调回上海。中国外运公司把集装箱这一块全部搬到了上海，我就被江苏公司借调到上海，担任中外运集装箱运输有限公司经理部人事党务经理。退休以后，继续被公司聘用了五年，一直到61周岁才正式退休。

人 生 寄 语

总的来说，我的整个人生经历跟随时代变迁而变化，时代推动着我往前走，这一步一步需要踏实坚定地走下去。人生的既定目标要有，才能做到不忘初心。其间必然会有坎坷、挫折和起落，要有思想准备，负重前行，笑对人生。选择正确的路，精神充实，意志坚强，我在基层工作的几十年间也遇到过有工作压力的时候，经过压力和挫折后，便无惧未来。要做一个充满正能量，有益于社会，对社会有贡献的人。

在2006年退休以后，我就开始做志愿者，陆续做过居委会老年人社会活动志愿者和市容市貌志愿者，只要有益于社区和居民区的力所能及的工作，我都乐意去做。可以说没有上海对外贸易学院，就没有今天的我，在学校接受的教育塑造了我的人生信条。这些信念在我进入新的环境以后陪伴支撑着我度过人生中美好的时光。感恩国家与外贸学院的培

"有朋自远方来,不亦乐乎",新冠疫情前校友小聚,右一为印月丽,右二为王锦雯,右三为陆荣祥,右四为肖雪梅,左二为戴永富

养！母校使我拥有了人生的第一笔财富,一笔由知识品格和信念构筑的精神财富。60年的年华流转,不变的是学者心,永恒的是师者魂。衷心祝愿母校发扬优良传统,为培育时代英才,再谱华丽篇章。

口述者：戴永富

商海扬帆，
从贸院启航

口述者简历：

　　戴永富，籍贯江苏省东台，1945年8月出生于上海。1965年考入上海对外贸易学院经济系专修国际贸易专业，1970年在安徽省凤阳县五七干校劳动，1974年在江西省南丰县长红中学任教，1980年调入江西省机械进出口公司任美国、加拿大出口业务组组长，多次赴美加商务考察，为江西省出口业务增长作出重大贡献。1987年赴深圳创业，1991年移民土耳其伊斯坦布尔市，任中华工商总会副会长、地中海鞋业进出口公司董事长兼总经理。该公司生产运动鞋远销欧洲和中东市场，博得海内外客户一致好评，被誉为土耳其华人第一企业。座右铭："生命不息，奋斗不止"。

访谈整理人：文星豪

峥嵘岁月　初遇贸院

我初中是在卢湾中学就读的，因为初三时候卢湾中学改革，即初二直升高中部，所以当时初三不能报考卢湾中学高中部，最终高中就读于打浦中学。因为我在中学时代英语成绩比较好，而语文、历史等学科一般，所以在高考报志愿时候，不想选文史哲专业，想选择能发挥外语特长的专业。当时填志愿分一类与二类两张表，我第一张表填的是北京对外贸易学院，第二张表的第一个志愿就是上海对外贸易学院。专业则是根据成绩分的，当时只有经济系与外语系，我是分到了经济系。

我是当年8月份收到通知书的，祖上几辈都是工农子弟，兄弟都是初中毕业，别说家里没有出过大学生，就是里弄边也是少有，心情非常激动，都是在党的关怀下才能有这样珍贵的机会。因为家住在上海，开学时候径直去，坐车很方便，各个码头与火车站，也都有高年级的师兄与师姐的迎接，我们下车的时候，高年级的学生都在那里等着，帮忙拎箱提包，气氛异常得热烈，接我们的那个女同学是经济系二年级的史培琪同学。

外贸学院当时还是比较小的，它的发展历程很曲折，1960年开了外贸系,后来关了,再后来又恢复,曲折反复。我们去的是 65 年,64 年刚刚复校,我最初进入上海对外贸易学院时,映入眼帘的是三幢建筑,这些建筑的地理位置位于现在校友会的地方。一幢是教学大楼,学校因为做外贸的,所以它的形状像个轮船一样;一幢是礼堂,它是兼具礼堂与饭堂的功能;还有一幢是男生宿舍。其他正在建造的有女生宿舍楼、图书馆、办公大楼等。因为外贸学院属于外贸部领导的,在行政上属于上海高教局管,但编制上是属于外贸部的,经费比较充足,向附近的人民公社买土地,不断扩建。它和音乐学院与戏剧学院大小差不多,给我的印象就是漂亮、小巧玲珑以及呈现出欣欣向荣的局面。

我在开学之初,在学校的宣传中,学校领导的讲话中,即对当时的国家外贸形势有一个基本的认识。因为六十年代西方国家对中国的封锁,再加上三年自然灾害等因素,国家经济上还是困难的,外汇非常紧张。国家要赚取外汇,则需要出口,出口就需求大量的外贸人才,可是外贸人才却非常稀缺。当时现有的外贸人员大多是旧社会的资产阶级,或者国民政府时代遗留的比较杂乱,不适合对外,现有的许多懂外贸,不会外语,不能满足国家外贸事业的需要。学校领导教育我们好好学习,称外贸战线(对外贸事业传统称呼)急切地需要你们。我们学校的学生属于政府的宠儿,等着我们毕业来发挥才干,外贸人才缺到前面几届还没有毕业就被分配了,这些学生都是分配到上海、天津和广州等大的老口岸城市。因为外贸的特殊性质,上海对外贸易学院属于保密单位需要政审,生源基本都是工农子弟,政治历史很清白的,家里是资产阶级,即使没有历史问题也进不来的,当然除了个别统战的。进入上海对外贸易学院有两道关卡,第一道是政审,第二道是成绩,缺一不可。

校园时代的戴永富

　　当时上海对外贸易学院主要面向上海为核心的华东地区招生,大多数生源都是上海本地与郊区的,其他省份的较少。我们班级 20 个人,是小班教学,这样也方便老师的管理,班里只有 3 个是浙江省的,两个女生来自杭州地区,一个男生来自浙江农村,其余均是来自上海地区的。班级男女各 10 人,男女比例较为均衡,其他班级也大致如此,多是 10 多人,班级规模没有超过 20 人的,更不可能有 60 人的大班。在开学后没有正规的军训,即开展正式的教学工作。

多姿多彩　校园生活

　　具体到学习上,学校对学生学习与生活抓得很紧,基本上都是属于军事化管理,类似军队的那一套。每天六点起床进行早锻炼,继之是早读,早读完毕吃早饭。上午前两节为专业课,后面是自习,中午吃过午饭进行短暂的休息,下午有时上大课,课后锻炼,晚饭后是晚自修至九点,九点半寝室熄灯,这就是正常的一天学习生活。班级有支部委员,年级有政治指导员,系里面有党支部和团总支,可以随时对学生的学习与生活进行帮助与指导。每周六下午放假,周日晚上继续上课,如果你周日晚上迟到或者不到,则会被谈话,基本上大家都很准时。

学校的生活非常好,伙食种类多,好吃且价格很便宜。早上有豆浆、肉包子、鸡蛋等,中午与晚上均有荤菜。每月伙食费是 11 元多,学生如果经济困难可以申请助学金,最少的份额是 5 元,多的则能达到 19 元,申请基本就会发放,农村的、外地的学生大多都拿助学金,除了交伙食费还能用剩下的钱买书和买衣服。在学校,我们就属于国家干部了,因此生病也都是学校管,小病校医院看病,大病都转到外边的医院,都是不用个人负担的。住宿方面是 10 个人一间宿舍,5 个上下铺,在那个时代也属于较好的条件,相对宽敞的,免住宿费且国家水电全包。因此,学生基本没有生活压力,都是全身心地投入学习中。在政治学习上则非常严格,个人几乎没有空余的时间,全部按照学校规定的办,生活上也抓得很严,在学校必须要好好学习,听党的话,听老师的话,个人想谈朋友,想谈恋爱是不允许的。相比于今天的大学生,我们没有生活和就业的压力感到很幸运,当时毕业分配都是沿海大城市,毕业不用担心,都是好工作。

我们当时进入学校时,大家都很年轻才 20 岁左右,都很单纯,大家在一起学习也都很友好。班级里有团支部这些系统的帮助,即帮助学生的学习进步,政治上的积极上进。同学们之间也非常友爱,互相帮助,不管本地外地的只有一个目标,好好学习。政治上也都要求上进,大家都打了入团报告、入党报告,政治气氛也很浓厚。同学之间也很和睦,这一点我

在贸院的年级集体照

自己是深有体会。在中学我成绩还好，但是到了大学后，并不是十分优秀，而同学们好多是南洋模范中学、复旦预科、上海中学出来的，这些都是上海市重点学校，因为我中学还不是市重点，只是区重点。我的学习没有他们好，他们的基础比较扎实，我是比不过他们的，所以他们经常帮助我学习上的问题。另外在生活上，因为我年轻，饭量大，发的饭票经常不够吃，也有同学将他们的饭票赠予我，使我感受到班集体的温暖。在那个年代，政治气氛非常浓厚，同学们对入党入团非常积极，基本都写了申请书，可是难度却不低。我本人就有申请入团，团里的领导经常找我谈心，谈论生活上、学习上、政治上的一些问题，有什么思想问题都帮助解决，使我不断提高政治觉悟，积极表现等。入团的难度就可比登天，遑论入党，我们班级 20 个人，只有一个女生入党了，她本身在中学时代就担任团的职务，进入大学后，又处处争优，才得到来之不易的机会。大家积极向党靠拢，将入党入团视为莫大的荣耀，学生们都希望成为一个又红又专的人。我在外贸学院的时候，感受到了它独有的学校精神，那就是国家花了大本钱培养我们,政府对外贸学生的重视,花了很大的成本送我们到外贸战线工作,学生们普遍热切希望能够为国家赚外汇,有着强烈的使命感和荣誉感,愿意为国家的外贸事业奉献和牺牲自己。

我们那时的学习任务比较重,百分之八十的时间都在学习。学校也鼓励多去外面活动,不要总是顾着学习,多锻炼身体,有时也组织一些军训。总体而言,业余时间并不是很多。这一届学生学习时间比较短,所以我在学校时候也没遇到开运动会,校内也没有社团组织。每周学习任务完成后,要学《毛选》,《毛选》学完之后,要谈心得体会,批评与自我批评。那时候只有一个思想,就是毛泽东思想,没有其他的思想,学校也不提倡,因此没有任何其他的社团组织。总体来讲课外生活不算丰富,却也充实。

在教师方面,老师们都是从各地抽调的英才,业务能力突出,语言水平高,责任心强,学校尽管小,也称得上人才济济了。学院的党委书记谭守贵本来就是上海外贸局的副局长,韩宗琦院长也是原上海食品进出口公司的经理,他们从外贸战线调了很多人,有当时语言的专家和权威,货币专家等,大多都有过留学欧美的经历,年轻教师则是各外语学院毕业留校的佼佼者。例如,我们隔壁班的姚老师就是外贸战线调过来的干部,他原本是上海食品进出口公司的业务科科长,被韩院长请过来的,工作上勤勤恳恳,任劳任怨,执教能力突出。也有老师是留学生,解放前曾做过外贸工作,英语教研组组长俞丽莲老师是美国留学生,英文水平高,尤其擅长口语教学,她本来居家赋闲做家庭主妇,经校领导三顾茅庐聘来学校发光发热。陈文达老师则是英语语音方面的专家,本身具有外国的血统,长时间的实践语音标准,教学能够深入浅出。因为能够聘请那么多的优秀教师,所以我们的教材基本上是教师们自主编写的,部分专业性强的,在一定程度上借鉴了英国当时的教材,也有根据当时政治的情况,编了一些特殊教材。老师们对学生非常关心爱护,经常劝学生们不要总是学习,也多出去活动活动。我的班主任强老师,是外语学院毕业的,我毕业后我们成为非常好的朋友。他是非常负责的,废寝忘食,不在乎钱,没有私心,讲政治表现,从早陪到晚,晚饭后老师可以回家休息,我们学生有两个小时的晚自修,但是他不回去,留在学校给我们辅导。我们有几个外语学习不是那么顺畅的,班主任会每天晚上专门将我们几个聚在一起,补习英语,这样使我们学习不落后,英语水平有很大的提高,这些老师的教学精神使我永远不能忘记。因为这些优秀的老师和努力上进的同学,上海对外贸易学院的外语水平很高,当时在上海举办的外语竞赛,我们是冠军,超过了上海外国语学院。除此之外,老师们也鼓励我们政治上争取上进,锻炼身体,成为德智体全面发展的人。

曲折反复　寻求发展

在我们学习九个月之后,"文化大革命"开始了。我们学校在"文化大革命"之前,学生毕业工作全部由国家计委主管,计委下名单,每个学校院系招收多少学生,毕业多少学生都有数目。计委在分配时候,哪个城市,哪个单位,哪个县都有规定的,"文革"前全部分配在沿海大的口岸城市。"文革"后,打乱毕业分配不按照专业与需求,没有固定标准,主要向华东各基层安排人。我们经济系,除了极个别的学生能分配到广州、天津等,绝大多数都是分到各省的小地方,山东、江苏、浙江、安徽等地,而且在一开始不能到单位。例如,一个学生分到江苏省后,是先分配到军垦农场去劳动,劳动一段时间,由这些军垦农场再分配,分配的主体职业是教师,也有少数能够到县城里面做内贸员。1978 年召开十一届三中全会,之后改革开放,大力开展对外贸易,增加了许多的口岸,各个省都成立了口岸公司,之前没有专业对口的学生,都自己努力寻找新的机会到外贸的岗位上。我个人也是如此,1974 年毕业后,我被分配到江西去,先是到县里报到,县里分到垦殖场,到垦殖场后,因为是大学生需要劳动锻炼,又被分到农业队,非常偏远,离开县城有两百多里路,称得上深山老林的地方。我在农业队劳动一年多,把我调到场部,因为那里新办了一个中学,缺英语老师,我就去充任英语教师。那时候的分配,就是哪里需要去哪里,不论学历与专业的。

我在江西省南丰县长红垦殖场长红中学担任英语教研组组长,连续六年都被评为"先进工作者"。一晃就是几年,适逢改革开放,国家积极开展外贸业务,因此个人也想能够发挥所学的知识,于是利用假期时间,经常到县委组织部沟通写申请,多次都是碰了一鼻子灰。对方的回复,永远都是超编了,没有可供选择的位置。我们这些分配到当地的大学生,人生地不熟,没有亲戚,缺少朋友,想专业对口也苦于没有门路。后来,在机缘巧合之下,才有调到省城的机会,到江西省外贸局报到后,被分调至江西省机械进出口公司。我算是一个幸运儿,像我一样被分配到江西的同学有十几个,大多仍在教师岗位工作。因为"文革"期间培养人才的中断,所以公司许多业务员都既不懂经济,又不懂外语,业务能力很差,外贸学校培养的是凤毛麟角。而我正好是符合需要的专业者,在公司里充分发挥了在上海对外贸易学院学习的知识与才能,我的英语与做外贸的能力

1986年在江西机械进出口公司和外商谈合同

得到了展现,开始在公司崭露头角,逐渐得到了大家的认可,随后去了北京参加机械进出口总公司的联营部出口工作。我担任美国、加拿大出口业务组组长,多次带队赴美加市场考察,大力推销工农具机械产品使出口金额猛增,年年被公司评为优秀业务员。因为改革开放的不断深入,国家鼓励个人创业发展,我也就响应国家的号召辞职下海,于1987年到达深圳创业。

乘风破浪　发展外贸

深圳是改革开放的前沿,80年代初因为邓小平同志在深圳搞试点,所以深圳的开放水平首屈一指。那时的深圳还是一个小渔村,难以与今日的深圳联想到一块,只有一条马路,没有几个高的建筑,面积也是较小的。当时的深圳和蛇口是分开的,蛇口靠近海边,深圳与蛇口中间全是农村。我到达深圳后,就挂靠在深圳北京贸易公司里,担任业务经理专营钢管业务,待了差不多四年,因为之前做贸易的缘故,保留了一些人脉关系,通过个人的外贸经验,也赚了一笔小钱,还算是成功。利用这些钱,也买了房子,那时候房价普通的五六万一套,十万块能买到地理位置上佳、装修良好的房子。当时深圳最繁华的地段,国贸中心建的南洋大厦,才14万港币,也不是很贵,现在上千万也不止。不过,那时普通人的工资也不是很多,一般是70元到150元之间,深圳的好岗位可以月入300元左右。

1987年的深圳尽管相比大陆的其他地区开放得多,但仍有很多条条框框的限制。例如,不允许私人开店,不允许私人开公司等等。如果开公司需要在别人公司挂一个账号,向其缴纳些许经费才行,只有挂靠在其他公司下面才可以经营。这样的情况已属于最开放的了,内地更是比不了,但是我对现状不是很满意。个人认为,要么在国家系统里,为国家贡献,国家保障个人,要么个人单干,盈亏全是自己承担,把公司挂在人家下面算是什么事。当时在深圳面临的另外一个问题是户口问题,到深圳去要办边防证,居住要求有居住证,迁户口是难于登天。对比对面的香港,他们是非常自由,可我们当时去不了香港。1991年,因为之前我认识很多同学,有广泛的人脉关系,一位曾经的同学在香港工作,愿意推荐我到土耳其做外贸工作,考虑到诸多问题,我听取了他的建议去土耳其闯一闯。结果,1992年邓小平南巡讲话,鼓励大家胆子大一些,走得快一点,进一步的深化改革开放等等。在此之后,深圳对外开放的速度远超以前的想象。个人也有些许后悔,如果1991年就有那个开放程度,我也许就不会去土耳其了。

1991年我来到土耳其发展,发现这里的气候、饮食等,都是非常适应

1993年在土耳其经商

的。这边货币自由兑换,公司自己经营,也算是满意,遂逐渐在这里扎根生存下来,一待就是30多年。初来土耳其发展时,人地两生,也是很艰难的,土耳其的官方语言是土耳其语,英语不是很通用,我还得重新学习土耳其语;私人到达那里,没有经济后盾,缺乏启动资金;土耳其的市场、法律、客户等等都是与大陆不同,需要重新了解;这个地方行骗的很多,特别是新来的,很容易被骗,申诉无门,只能逐渐适应。

我在土耳其奋斗了三十年,刚开始做衬里布和缝纫线的生意,以后又做鞋子材料业务,积累了一定的资金我们创建了生产运动鞋的工厂,担任了"地中海鞋业进出口公司"的董事长兼总经理,又任"土耳其中华工商总会"的副会长。在全体员工努力下我厂生产的运动鞋是土耳其的名牌产品,年产量达150多万双女鞋和70多万双运动鞋运销欧洲和中东市场,鞋子款式新颖,价廉物美博得用户一致好评。鞋子材料都是向国内厂家订购,我们的生产又带动了国内许多厂家的发展,为祖国的出口业务尽了微薄之力。鞋厂拥有250多名员工,我们又是当地的纳税大户,为土耳其的经济繁荣和社会发展做出了贡献。一般来说华人在海外绝大部分人是为人打工,或者是搞贸易开饭店等,私人能搞成如此规模的企业是不多的,我为此感到骄傲,感到自豪,最终还算是发展不错。

忆往追来　殷殷祝福

总体而言,学校对我个人来讲影响很大,我是外贸学院毕业的,到外贸系统,整天和外宾打交道,到 80 年代国家提倡私人干,我下海经商,这是上大学之前不敢想象的。我祖祖辈辈都是工农,最高的文化程度是初中毕业,没人做生意,只有我下海做生意。可以这样说,没有外贸学院,就没有我的今天,它影响了我一生的轨迹,特别感谢国家与外贸学院的培养。祖国还是我们个人坚强的后盾,祖国一天比一天强大,我们这些在国外的中国人也沾光。这些年最明显的感觉就是,土耳其人对华人越来越尊重,伊斯坦布尔也算是个国际化的大都市,有很多俄罗斯、乌克兰、保加利亚等国家的人,唯独华人比较受到尊重,这些都是得益于中国强盛的结果。现在校庆六十周年马上到了,我们回去过好几次,老外贸学院去看过,松江大学城去看过,发展迅速,学校非常大,建筑也非常气派,光学生有一万多。原来的外贸学院只有两个系:经济系与外贸系,师生加起来没有一千人,学校成长得非常快,从学校也可以看出我们国家的国力非常强盛,很繁荣,很富强。我们在海外的中国人,看到祖国、看到学校这样的繁荣与富强,从心底里高兴。上海对外经贸大学经过 60 年的发展,能有今日很不容易,我们衷心地希望母校,一天比一天繁荣,一天比一天壮大。

口述人：戴金华

忆往事不负韶华，
担使命风雨兼程

口述者简历：

　　戴金华，中共党员，1955年2月出生于上海，1978年进入上海对外贸易学院工作，2015年2月退休，在校工作连续有38年，历任日语教研室教师、主任，外贸外语系副主任，成人教育学院院长兼夜大学副校长，国际商务外语学院党总支书记兼常务副院长，校党委组织部部长兼党校副校长，校党委办公室主任兼统战部部长，校党委委员、常委。曾多次获得校优秀党员称号和记功奖励。爱阅读，座右铭：随缘而尽人事。

访谈整理人：闫　成

机缘巧合,无意中成了贸院人

我们学校历史上经历了"三起两落"和"三次创业"。1960 年建校,1962 年因为经济困难被迫停办,1964 年复校,1972 年因"文革"停办,是为"两起两落",也称为第一次创业。1978 年复校再起,开始第二次创业。1994 年学校由国家外贸部划转上海市政府,学校坚持独立发展,左冲右突,在松江开辟了新的发展空间,于 2000 年学校第一次党代会上提出进行"第三次创业",之后实现了从千人学院到万人大学的转变。我从 1978 年复校时进入学校,2015 年从学校退休,整整在这个学校工作了 38 年,也有幸经历了第二次创业和第三次创业的全过程。所以,之前的历史,也就是第一次创业的事,我没亲身经历,仅从校史资料进行了了解。

上海对外贸易学院虽然是国家外贸部的部属高校,但建校以后长期委托上海外贸局来管理,主要是为上海和华东地区的外贸事业培养人才。学校第二次撤校停办后,人才输送的渠道断了,但人才需求依然存在,于是 1972 年,上海市就在原来上海对外贸易学院的校址上(古北路 620 号)成立了上海市财贸学校,一年后又改为上海市财贸外语学校,生源由上海

1975年春季广交会实习（后排右二为戴金华）

各区从应届初中毕业生中选送，为外贸局各大进出口公司、海关、商检、商业二局和中国银行等涉外经济部门培养人才，但只招了一届学生，我是其中之一。1975年从外贸日语专业毕业后，没有选择，我被安排留校工作，一起留校的有20来人。不久学校又挂了上海市外贸局七·二一大学和上海市外贸局干部教育中心两块牌子，主要培训在职人员。1978年上海对外贸易学院在古北路620号复校了，我们也就随着"七·二一大学"整体转入，成了上海对外贸易学院教师队伍中的一员，投入了学校第二次创业。

创业之初，百废待兴

1978年我正在上海外国语学院也就是现在的上海外国语大学进修，一次回学校，被告知我们学校已经改成上海对外贸易学院了。学校复校之初，百废待兴，除了"七·二一大学"留下的，基本上又是白手起家了。

当 1972 年宣布停办时，学校被分了家，很多设施设备，包括软的硬的，比如说录音机、课桌椅、图书都被分光了。我记得复校当年的大冬天里，我们还去过上外，把印有外贸学院字样的课桌椅、图书报刊找出来，装卡车运回学校，不少课桌椅已经破损了，堆到木工间前待修。学校的操场常年失修，经常积水，我作为班主任，还多次被安排带领 78 级的学生去填土修理操场，是劳动课。那个时候的艰苦，现在已难以想象，但我们经历了。

至于复校之初的师资方面也是十分困难的，外贸学院被撤校时，师资队伍也被打散分光了，绝大部分教师去了上外，也有去了复旦等其他高校的。复校时回来了一部分，但很多已回不来了，有的是因为单位不放，也有的是不愿意回来。我在上外进修的时候，听说在上外日语教授中，有三位著名教授被称为"三驾马车"，其中两位都是过去外贸学院的。所以复校当初，我们学校老师主要还是以"七·二一大学"的老师为班底，回来了一部分，还有就是从全国其他学校引进了一部分。

我们当时的日语教研室，除了"七·二一大学"留下的，还从上外、复旦、宝钢、农科院、国际旅行社等也引进了一些老师和日语工作者。其他专业，如经济系还从上海外贸局的各个公司中引进了一些业务精良的"老法师"。他们中的不少成了学校教学科研的主要支柱。

学校复校之初招收的是国家恢复高考后的第二批考生，他们不少人岁数都比我大，基本都有工作经历，现任上海市政协副主席的周汉民就是学校 78 级的。他们入学时学校尚未分系，除了日语专业，其他学生都从上英语课开始，一年后才分成了两个系：外语系和经济系。学校开始几年只在上海地区招生，1983 年起才扩大到从华东六省一市（山东省，安徽省，江西省，浙江省，江苏省，福建省，上海市）招生。当时学校定位就是为华

日语教研室全体教师老校门合影(后排右五为戴金华)

东地区培养人才,国家外贸部名下的外贸学院有四所,北京一所、上海一所、天津一所、广州一所。上海生源的学生毕业后一般都分配进上海的外贸公司工作,如:服装进出口公司、丝绸进出口公司、土特产进出口公司、茶叶进出口公司等。其他省生源的学生,或分配去北京,或分配回省外贸部门工作。90年代后,毕业分配改成了毕业就业。

创业路上,学校助力我们成长

复校后我主要是从事日语教学,最早的时候给日语专业的学生上日语听力课,还给英语专业的学生上过二外日语课,虽然还过得去,但心里老不踏实,感到能力恐慌,逼着我不断进修。学校也鼓励我们岗位成才,也为我们创造条件。比如,我们日语教研室的领导,为我们青年教师的成长想了很多办法,一是由老教师带着在任课的实践中锻炼;二是安排日本专家每周给我们上课;三是安排去日本驻沪企业、广交会等地方实习提

1984年1月与83级学生合影（第一排左一为戴金华）

高;四是鞭策我们去应考参加国家教育部的培训项目等等。我本人就得到了三次比较大的进修培养机会。

1981年,经全国统一考试,我考进了教育部组织的日语教师培训班。这是1979年中日两国总理签订的文化交流协议中的一个项目,旨在为中国培养600名日语教师,分五期完成。我是第二期学生,从1981年8月到次年8月,在设在北京语言学院的中国日语教师研修中心学习了一年,学习日本语言文学文化的研究生课程,课目涵盖语法、修辞、文学、历史、教学法、古典、文化比较、写作等等,全部由日本各有关大学的知名教授授课,其中还有泰斗级的金田一春彦先生。其间还赴日本学习了一个月。这是我日语学习的一个非常重要阶段,为我打了非常好的基础。

1985年,应学校要求并经全国统一考试,我又考进了教育部设在上海外国语学院的日语助教进修班,再次学习研究生课程。上外和复旦最好的教授亲自上课,为我们开设了语法学、词汇学、翻译学和生成变形文法学等课程,令我对做好日语老师有了更多体会,大大受益。

1988—1989 年在日本龙谷大学留学（左二为戴金华）

　　1988 年，我在日语教研室主任的任上，学校再次选派我参加上海市高教局的一个友好交换生项目，去日本京都龙谷大学留学，一同去的还有上海师范大学、同济大学和上海国际商学院的三位日语老师。我们是首批，到了那里才知道，我们是特别留学生，没有为我们特设的课程，一切由我们从学校的大课表中去自选。结合我校实际需要，我选修了经营学、语言文学、社会学、民俗学、比较文化学等课程。作为上海的友好交换生，受到该大学的管理层、教师、学生团体等方面的热情关照，也同他们有了深入交流，增进了对日本社会的了解。因此，我对学校的一路培养深怀感激。

创业艰难，共同担当

　　1982 年我从北京学习归来，教研室里来了日本文教专家。那个时候的外国专家不是现在的外教，是学校通过国务院专家局的渠道从日本请来的。教研室安排我负责专家的日常接待工作。事实上，从最初的石崎俊夫先生，到后来的青木实先生、石山隆先生、旗持宽久先生、曾根田先生，我前后做了 8 年专家接待工作，帮助解决他们生活工作上的一些问题，如小孩入托、就医、购物、兑换钞票、旅游、用车用餐等生活问题，工作上如打印教材、使用学校设施设备、同学校有关方面沟通等。当时学校内没像样的住所，专家们或住锦江饭店，或住国际俱乐部、和平饭店、青年会宾馆，还要时不时去那里协调解决问题。一般老师上完课可以回家，而我上完课必须天天在校坐班。我觉得这样的事总要有人做，也是在为学校创业添砖加瓦。当然，我也因此获得了难得的口语操练机会。

1985 年我在上海外语学院助教进修班学习期间，学校外语系领导突然把我叫回去谈话，原来日语教研室的主任要退休了，急着要我去接任。我说我还是助教啊，而且还在外进修，很是为难。不容我分说，领导就要我把工作接下来，并要求我继续完成进修班的学业，但每个星期必须回去一次主持教研室活动。现在看来，这一方面反映了学校在当时教师队伍青黄不接困难下的无奈，也表现出了领导对我们青年教师极大的期待和信任。尽管我并不认为这个"赶鸭子上架"决定是正确的，但在创业阶段的困难面前，我唯有豁出去担当了。

1982 年起，日语专业的学生，我们都是从英语考生中招收，日语都是零基础的，为了提高新生日语学习的起点，1987 年我们就尝试从高考时的日语考生中招生，结果 20 人一个班却只招到了 5 名，其他都是英语考生，日语从零开始学，整个班级进度不一样，没办法一起上课了。那年的日本专家正好是夫妇两人一起来的，我们就想请他的夫人来为这五位学生单独开课，得到了夫妇两人的大力支持。同时我们还为五位学生开设英语课，补他们的短项，为他们以后的二外课程学习做准备。一年以后，一个班总算可以合起来上日语课了。这个尝试让我们尝到了苦头,后来考虑到对学校教学资源占用比较大,又恢复到全从英语考生中招生了。

从这件事,也让我们对发挥好日本专家的作用有了新的认识。我们日语专业每年招一个班,总共四个班级,在当时的师资条件下,一二年级课主要由本校老师承担,高年级的课主要依靠日本专家来上,教材也靠他们来编写,编写的教材也成了日语教研室很重要的财富。另外每个星期有半天时间给我们年轻老师上课,发挥的作用是很大的,至今想来我都非常感谢他们。2008年旗持宽久先生过世时,我还在校报上发表了纪念他的文章。

还有一件事令我难忘。1987年和1988年,我们日语专业的学生参加上海市高校的日语演讲比赛,破天荒地两次夺得了第一名。当时参加比赛的高校包括了复旦、上外等名校,能取得这样的成绩,对于我们教研室是很大的鼓舞,增强了我们的信心,也为学校争了光。我离开日语教研室之后,获奖的势头还在延续。

说到教研室主任陈天章老师带领下创业的岁月,好怀念已经不在了的鲍惠文、吴国仁、钟明炫、郑信月、王奎斗等老师。在这里也非常感谢前辈和同辈同事对我的呵护帮助。

赴东洋大学,参与学术交流

1986年10月,我校的学术交流团赴日本东洋大学进行学术交流。这是建校以来第一个赴国外大学开展的学术交流活动,因此在学校发展史上应该具有标志性的意义。交流团由四人组成,时任校党委副书记陈天章

1986年在10月在日本东洋大学（前排左四为戴金华）

任团长，他是日语教学专家，交流团成员有汪尧田教授、王新奎教授和我，我担任秘书和译员，所以我有幸参与并见证了这段历史。

我校同东洋大学的校际关系始于日语教研室吴俗夫老师的牵线，他当时在日本一桥大学公派留学，其间和东洋大学经济系主任菊浦重雄教授有了交往，于是介绍菊浦重雄教授1983年暑假来我校讲学，讲授当时热门的日本经营学，讲了一周，听课对象不仅是我们学校的学生，更多的是上海外贸企业的领导干部。讲课反响很好，我校就当场聘菊浦重雄为客座教授，这是我们学校历史上第一位客座教授，同时表示了建立校际交流关系的意向。经菊浦重雄教授搭桥，1985年东洋大学校长西忠雄邀请我校邹博文副院长访日，由此建立了协定校关系，相当于姊妹学校的关系。1986年上半年对方学术交流委员会主任高木教授带团来访，正式邀请我校下半年去该校进行学术交流。

学术交流团在东洋大学拜访了时任校长神作光一和大学院（研究生院）教授委员会，考察了大学设施和东京的有关企业，汪尧田教授和王新奎

菊浦重雄教授 1983 年暑假来我校讲学
（第一排中一为菊浦重雄，第二排右二为戴金华）

教授分别为经济系学生讲学，重头戏是和东洋大学经济学部的教授们的学术交流会，我们准备了自己的课题，他们准备了他们的课题，开了整整一天，我翻译得筋疲力尽。那些资料照片我们校史馆里面都有。

这次学术交流也为当时上海的改革开放做了宣传。在与学者和有关企业交流时，汪老一句话说得很形象，我记忆犹新，他说我们中国改革开放了，但是缺少资金，我们是一块旱田，你们日本积累了充沛资金，但投不出去，是一块涝田，我们两国经济学家的责任，就是要把涝田里的水引到旱田中去。王新奎教授作为上海市府的高参，也利用各种场合，把上海的信息带了出去，为上海招商引资做宣传，还为企业牵针引线做了不少工作。

1987 年上半年，神作光一校长率团访问我校，诚邀我校王钟武院长出席东洋大学 100 周年校庆活动，于是当年 10 月我又随王钟武院长访问了东洋大学，从此两校关系进入了新的发展阶段。

1987 年 10 月陪王钟武院长出席日本东洋大学百年校庆（左一为戴金华）

转岗成人教育，致力社会服务

　　1990 年，学校安排我离开教研室到外语系参与领导工作，那时起我们和华东地区各省的外经贸厅及辖下的进出口公司有联系，主要是为他们的领导干部和业务员培训外语。当时，这些单位的从业人员大都不是从大学毕业的，军队转业的或是其他单位调过去的比较多，在外语这方面比较弱，所以我们走出去请进来，办了好多外语培训班。大概做到 1995 年，学校成立二级学院，把原来的成人教育中心改为成人教育学院，于是我离开了外语系被调到那边去当院长了。

　　成人教育学院一共有四块业务，夜大学，函授，自学考试，还有一个是非学历的干部培训。我在成人教育学院工作了六年，印象比较深的大概干了以下几件事：一是夜大学以前只有专科，后来我们办了本科，提升了学历教育的层次。二是函授教育，我们在华东地区一共有 12 个函授点，我们考察了大部分,发现我们学校特色专业的师资本来就紧缺,要把教师集中一段时间派出去面授,与校内教学争师资,冲击了校内教学,引起了校内矛盾,所以从大局计,在校领导的认可下,顶着压力把函授停办了。三是我们迎评促建,通过了市教委对我校夜大函授教育的合格评估,促进了教育质量的提升。四是自学考试这块,我们是国际贸易专业的主考高校,原来也是只有专科,我们也把它办成了本科。当时每年报考的课程门次有近2万,我们在外面设置十几个考场,现在高中生升学渠道多了,自学考试人数也渐渐少了。五是干部培训,最早是由国家经贸部发文招生,对华东六省一市的外经贸委领导和公司的经理进行培训,主要靠计划和命令,以后因外贸行业去行政化改革,逐渐萎缩了,我们就把眼光放到了华东各省的市县和企业,为外经贸各类从业人员办了很多期培训班。

再回"老东家",向新校区战略迁移

2001年上半年,学校外语学院主要领导临时被决定要去市教委挂职锻炼,一时来不及在学院内安排出人来接任,可能因为我是外语学院的"老土地",于是学校领导想到了我,把我从成教学院调回到了外语学院,任党总支书记,并以常务副院长的名义主持行政工作。此时我们学校已决定向松江战略迁移,新校区已动工兴建,10月份新生就要在那里入住开学。要知道我们古北老校区原来总规模才2400个学生,到新校区后,一个年级就要招收2000多,四年后要成为万人大学,这对学校师资队伍首先在数量上是个严重挑战。我们外语学院当时承担了全校总课时的46%,而且准备时间有限,挑战尤其严峻。对,这是学校开始第三次创业了。

首先要尽快扩充教师队伍。记得那段时间，我们几乎天天在面试来自各地的应聘教师，从副教授以上优先，到讲师以上优先，再到有从教工作经验的应届毕业研究生择优，除了考察业务能力，还要在思想政治上把关，招了很多老师。经过实践证明，大部分都很好，不少成了业务骨干。

要让古北的老师愉快地去松江，也是一件不容易的事。当时知道松江在远郊，没有轨道交通，全靠校车接送，早上 7:00 从古北出，下午 4:45 从松江归，不少老师表示不愿意去。有的担心身体吃不消，有的忧虑家里老人小孩无法照顾，也有的在掂量校外兼职无法做了，何去何从。对此，我们学院领导班子贯彻学校党委的指导意见做了不少工作。一是利用大会小会反复宣传学校迁移战略的意义，与个人长远发展的关系，展现学校发展的前景蓝图，组织老师们集体参观建设过程中的松江大学城，用事业凝聚人；二是发挥党员的先锋模范作用，发挥党支部的战斗堡垒作用，发挥教授、骨干教师的影响力，用正面积极的氛围引导人；三是认真解决合理诉求，如增设校车班次让上午下课的老师早点回，下午上课的老师晚点去，又如集中几天多上课，以减少去松江的次数等等；四是政策上将学院有限的课时津贴和中外合作班的兼课资格向去松江上课的老师倾斜；五是从理念上把"学校求老师去"变为"老师提申请，学校选老师去"，等等。感谢全院老师共同努力，外语学院在迁移战略上没有拖学校半步后腿。

与此同时，为了适应规模扩张后的外语教学需要，我们当时还在王兴孙副校长的大力推动下，开展了一项重要的教学改革。从英国维克多引进了成套英语分级自主教学考试软件，学生可通过软件系统自主学习、自主考试、不断升级，可大大提升学生自主学习能力和英语听说能力。为此我们成立了校语言实验中心，司耀龙和周芹芹两位青年老师在众多老师的犹豫不决中,以对英语教学手段现代化趋势的敏感认知,勇敢担当,成了运用这套系统开展英语教学的先行者,从松江校区第一批新生做起,一直持续至今,提高了全校英语教学的效率。作为当时的推动者之一,我一直对这两位老师的创业精神怀有深深的敬意。

在党委组织部,又干了十一年

2002 年上半年,我外语学院的院长挂职回来了。一天校党委皮耐安书记、夏斯云副书记又找我谈话,要安排我去担任党委组织部部长,我波澜不惊,因为已经对组织调动习惯了,一辈子就是听党的话,让去哪里就去哪里尽力。这一去就又干了 11 年。记得书记对我说,组织工作太重要了,和你在单位工作不一样,来不得自作主张,就如是"拿钥匙的丫环"和"拿着图纸施工的队长"。我听明白了,作为党委的重要职能部门,我的工作就是要忠实地落实党委会决定,对党委会负责,所以也记住了,特别在干部工作中必须约束自我。

党委组织工作也是围绕学校中心工作开展的,特别是干部队伍建设。在古北时,学校规模小,全校正副处级干部就三十几个,随着松江校区的建成,学校规模一下子扩大,对干部队伍建设形成了第一波挑战。2006 年前后,学校主动给自己加压,接受教育部对学校本科教育水平的评估,这个过程我们叫迎评促建,教师队伍的数量和质量又有了新发展,学校的干部队伍建设随之出现了第二波挑战。再后来就是 2008 年开始做更名大学的努力,并于 2013 年成功,其间要达到很多硬性的达标规定,其中对教师队伍数量和质量的要求更高了,正教授数就从几十位发展到一百多,也是学校干部队伍建设的第三波机遇和挑战。在这三波机遇与挑战的推动下，学校干部队伍建设不断上台阶，正副处级干部从三四十人发展到一百多人，年龄结构、学历结构、职称结构、学科背景结构更趋合理。总体上满足了学校进入第三次创业以来的发展需要。

在这段时间的干部队伍建设上，有三项工作我印象深刻：

一是进行学校干部人事制度改革，实施岗位和职级分离制度和办法。我到组织部后第一件事就是具体实施党委的这个制度和办法。这个制度是切合学校当时干部队伍实际的，第一，在理念上重岗位能力和实绩不重职级，让能者上不能者下，实行竞争上岗，可以低职级高聘，也可以高职级低聘，聘后实行任期管理；第二，在学校干部队伍现状还无法完全按当时中央《干部选拔任用暂时规定》操作的实际情况下，这个办法摆脱了学校干部队伍青黄不接的困境，也为后来实施《干部选拔任用条例（试行）》创造了条件。

二是用挂职的办法培养和使用后备干部。学校在规模发展中，短期内引进了不少教师和干部，当然扩大了干部队伍建设的空间，但由于组织上来不及了解，相互之间也不了解，无法按中央《干部选拔任用条例（试行）》从民主推荐起操作。于是党委研究决定先从挂职培养这块做起，从基层组织举荐中，从党校培训班中，从迎评促建和更名大学等工作前线中，观察物色表现突出的人才，安排到实职干部岗位挂职，有的在本单位挂职，有的跨单位挂职，如机关的挂到学院，学院的挂到机关，学校的挂到市教委等，根据需要和可能，有的挂一年，有的挂半年，有的还挂了两个地方。条件成熟了，就按照《干部选拔任用条例》的程序操作。

当然，除了干部队伍建设，组织部的日常工作还包括了基层党组织建设,如换届选举;党员队伍建设,如党员教育与管理、发展新党员;干部人事档案管理;老干部工作等,都有不少可回忆的故事。其中2005年"共产党员保持先进性教育活动"、2008年"科学发展观教育实践活动"和2007年学校第二次党代会的筹备召开过程,给我留下了深刻的记忆。

退休赋闲,愿学校明天更好

2015年,我从干了两年的党委办公室主任和统战部长的岗位上退了下来,也从工作了38个年头的学校回归到了家里。走时难掩不舍,独步校园,触景生情,于是写了如下词句:

日斜人影长,徜徉暮色中。

一池清水寒波,鹭去杳无踪。

早已柳暗枝净,偏寻岸地芳草,忘了时在冬。

屈指数往事,岁月亦峥嵘。

耕古北,耘华亭,伴始终。

此舍彼楼,还知汗流在何栋?

幸逢国昌校盛,又沐人情甘露,事事涌在胸。

今夕伴霞去,明早盼日红。

退休后,我担任了一届学校退休教职工党总支的副书记,还做些力所能及的小事,如学校关心下一代工作委员会的工作,为外语学院的学生党员和入党积极分子上上党课;也和教师支部书记和学生支部书记交流交流,分享从事党务工作的经验体会;再同青年老师谈谈心,共话做老师的心得;这次党内开展"不忘初心、牢记使命"主题教育,学校还让我和其他三

戴金华老师为国际商务外语学院学生党员讲专题党课

位同志,担任校内督导组的组长。还和退休同伴一起在学校唱唱歌,搞搞演出。

作为1978年复校以来的经历者,我对学校在三次创业中取得的成就感到欢欣鼓舞。我认为上海对外经贸大学,能在60年风风雨雨中坚持到今天,而且越办越好,一是说明我们为国家外经贸事业的发展贡献了大量有需要的人才和学术成果,有作为才有地位;二是说明学校几代人前赴后继、艰苦创业、砥砺前行、自强不息,有志气;三是我们始终走自己的发展道路,坚持在培养目标上的定位,坚持服务面向上的定位,坚持学用结合学而致用的教学定位,有特色,因而在中国高等教育史和外经贸发展史上具有其独特的价值和意义。

我对学校的未来充满希望。我认为学校更名大学的成功是学校第三次创业的完美结局,60年校庆是学校开启新发展的起点标志,十九大提出的"新时代中国特色社会主义"是学校新发展的时代背景。所以进入新时代,学校的特色发展也要走出新路,使其具有新时代的特征。不能在新路上把特色走没了,也不能把作为支撑的学科力量走弱了,更不能把特色建设和学科建设对立起来,走成"两张皮"。所以希望避免把学校建成"第二财大"或"第二上外",使学校实力更强大,特色更鲜明。同时希望我们的学生不仅要"外语强、业务精、上手快"而且要"后劲足,走得远"。

我愿我们的上海对外经贸大学明天更好!

口述人：金道明

爱岗敬业，
贸荣我荣

口述者简历：

　　金道明，1955年2月出生于上海。1978年上海对外贸易学院复校起就在上海对外贸易学院工作。从1978年起至2015年2月退休，一直在上海对外贸易学院和上海对外经贸大学工作。在校期间，担任过英语老师，被派往中国驻土耳其大使馆商务处工作两年，回国后担任外语系学生支部书记，外办副主任，人事处副处长，院办主任，组织部部长，金融管理学院党委书记，工商管理学院党委书记。多次被学校授予记功奖励称号，二次被学校授予优秀党务工作者称号。一次被市教委授予教委系统优秀共产党员称号。业余爱好：打乒乓球，游泳。

访谈整理人：官善明

与外贸结缘 38 年

我是 1955 年出生的，小学读到大概四年级半时"文革"开始了，1972 年中学毕业以后分配在古北路 620 号上海财贸外语学校读了三年书，我学的是英语专业。在外贸学院 1972 年并入上海外国语学院后，上海在古北路 620 号办了一所上海财贸外语学校，我毕业后就留校做教师。在 1978 年外贸学院复校的时候，领导把我们小青年留在复校后的外贸学院，作为英文老师培养。我很幸运，在这个单位一直工作到退休，从 1978 年复校到 2015 年退休，整整三十八年。按时间顺序来看，先做了 6 年的英语老师，在这之后呢，就被派出国当外交官，整整两年，回国以后从事行政党务工作，先是八年时间各个机关办公室的行政工作，然后是二十一年的学院党务工作直到退休。我工作的发展脉络与外贸学院的发展脉络紧紧相连。从学院到更名为大学，从经贸部到地方，从古北转战松江，我有幸参与了学校由小变大、由弱变强的历程。

教学生涯的源起

1978年学校正式复校前,处在筹备阶段的时候,学校挂靠了个外贸局培训部,就设在古北路620号。因为当时外贸进出口公司当中相当部分外销员、会计等员工,都是初高中还有老三届从农村回来,充实到公司顶替父母的那一批人。这批员工外语不强、业务不精。由此外贸局的领导下定决心,把所有相关员工培训一遍,会计岗位半年一批,外销员岗位一年一批。所以在外贸学院筹备阶段和复校初期,培训工作就先展开,我的教学生涯也随之开始。

培训阶段是1977—1979年这三年时间,我前后一共参与培训四批学生。1977年我开始当英语老师的时候才22岁,而要接受培训的学员们普遍都三十岁左右,成家立业了。那时候我还做班主任,要去走访学生宿舍,发现学员们也跟年轻学生一样,在集体宿舍中会有各种矛盾,有的是学业进度,有的是生活琐事,当时他们都会找我调解,喊我"小老师"。在英语教学上,学员们对我很尊敬,为了教比我年龄大的学生,我也很上心,每天泡在学校不回家。上课还会点名学生起来回答问题,师道尊严嘛。有的学员很用功,很珍惜学习时间,放下家庭孩子,一心一意扑在学习上。因为基础差,学业上的问题也就特别多。我们这里年纪大的老师要回家,但学员们都会说"金老师,你晚上帮帮我",我这种小年轻就陪着学员上晚自习。他们之中很多都是"十万个为什么",能回答出学员的问题我很自豪的,要是当场答不出,我也会回去查字典,第二天给予解答。学员们都很喜欢我,我也特别享受当老师的幸福感和责任感,就喜欢上了教师工作。

复校前后的故事

复校的时候，学校的面积并没有目前古北校区那么大，只有这栋贸源楼是六零年代的老建筑，可以说是六十年代建校时的产物。学校复校后为扩大校园面积，从周围农村生产队的土地划入一块，我们后勤处的许多老同志就是当年这样从生产队进入学校的。当年复校的时候，以古北路为界，对面是上海市区，而这里是上海郊区，户口本上也是郊区户口，所谓的"乡下人"。复校的教师队伍来源主要有三批，第一批是1972年学校并入上外的老师再请回来；第二批是外贸系统的"老法师们"，即老业务员和翻译组翻译，从外滩的外贸公司调入的；第三批就是72年起在上海财贸外语学校教书的教职工转为复校后的外贸学院教师。这里说一下从72年外贸学院停办至78年复校时，上海市在古北路620号的地方从1972年到1975年办了一所财贸外语学校，在1975—1978年，将财贸外语学校改成外贸局七·二一大学，两个学校都只培养了一届学生。我当时毕业时的英语水平相当于现在高中毕业水平吧，但在那时候的环境下算是非常好的。1978年外贸学院复校的时候，筹备组领导找我们这些小年轻，想叫我们留下来当老师，这样我也继续留在这个地方了。当时学校承诺会培养我们，我自己也很上进，后来继续在外面进修，提高业务水平。

那个时候学校算是边筹建、边展开教学工作，教材都是刻蜡纸再油印，教材也很难买到。而学校开始的目标是为外贸系统，后来是为华东地区培养外销员。当时外贸系统的工作效率不高，每次出去谈业务都是所谓的一比四，即外方一个人对我们司机、领导、翻译加业务员。在这种时代背景下,我们学校培养的业务员有很好的口碑,叫做"上手快,外语好",这在后来的很长时间成为学校的培养方向。后来学校培养的目标慢慢扩展到懂法律、懂管理。培养的学生是业务应用能力上都非常强,而理论水平可能有所欠缺。我们学校1984年以后开始有硕士毕业生充实老师队伍,2002年以后大批博士生引进当老师。复校的几十年间外贸行业非常热,收入高,学校的老师能够留在学校安心教书,也是默默奉献,不讲回报的。我当时家里住在虹口,学校的班车下班五点钟出发,到虹口大概是晚上六点半。早上八点要上课,六点四十五要在外滩上班车,五点多就要起来。

学校当时的环境也确实很局促,大礼堂饭厅会议厅是个三合一的地方。经常九点钟学校开会,开到十点半厨房的蒸汽就冒出来,十一点半学生来吃饭,上面书记校长还在讲话。晚上五点学生开始吃饭,六点就跟着文艺汇演,一边吃一边就有同学上台彩排。每次毕业演出的第一句话,学生们都会说"贸院虽小,但是……"

一开始我当学生的时候,觉得老师每周上六节课很轻松,一次课就两个小时,而且上课好像也不费力。后来自己开始上课感觉就不一样,内容其实也不是很难,就是新概念第二册这种,备课的时候就把家里所有的字典都用上,每个细节都要看。为了上好一节课,要整整花一天。感觉就像舞台一样,台上光鲜,台下要付出很多。这些事情都是当了老师才体会到的。

两年外交官经历

学校为培养青年教师,在经贸部的支持下,让我有了出去当外交官的

1986年在土耳其伊兹密尔世界博览会中国馆,CIN是土耳其语中国的意思

机会,从1984—1985年推荐我在土耳其大使馆的商务处工作。没去之前我是个英语老师,平时就是备备课,教教书。去之前以为商务处应该有不少人,去那里才发现只有领导和我两个。本来以为只要西装笔挺接待外宾,实际上后来各种工作都要干。当然后来我能处理不同岗位的工作,也是这两年锻炼出来的。

最初我以为我英语好,跑跑业务就行。后来领导找说"小金,你把会计兼一兼",让我记账。我没有学过会计,只会记流水账,来了多少钱,用掉多少钱。但领导的要求是按会计目录复式记账,年初要向经贸部报预算,年终要报决算,我只能周末找大使馆的老会计学习。周末把账册摊在台子上慢慢算。开车不会,找大使馆的司机学,因为司机说参赞我给他开,你这个小年轻自己开吧,我就拿着大使馆的奔驰练手。与当地房东谈租房业务也是那时学会的,按普通人想象就是住在大使馆里,但是我们当时商务处其实是在外面单独租住的,我也就必须接触这些事宜。

当时中国的外交官待遇刚刚提起来,外交官从津贴制改为工资制。我的工资是五百元人民币每月,已是我在国内月收入的近十倍。由于工资待遇提上去了,所以驻外人员变少,我也就被迫成了"全能选手",业务懂,外语懂,什么都学。这两年对我回来以后不管从事党务还是行政工作都很有帮助。

从事学校的行政管理工作

1986 年回国以后,我回到外语系做学生支部书记,1987 年开始在学校外事处工作,几年以后调到人事处。当时经贸部的李岚清副部长,让当时经贸部下属的四所院校(北京、天津、上海、广州各一所)与美国和欧洲的商学院结成合作伙伴共同培养师资,那时候项目是通过联合国国际贸易中心运作的,有点类似现在 MBA 的项目。当时出去的人都很开心,学成回来的人不多。我之后调到了人事处,等于送这批老师办手续出国的人是我,具体处理他们回国问题的也是我。

当时有位出国培训的老师回来报到,真的是好不容易回来了,我也很开心。但第二天,就有单位的同志拿了张五万元的支票,要求学校放人说,"根据当时政策,叫人才有偿转让,叫我们放人。"这段时间我也很苦恼,自己的感悟就是很多事情也是合理不合法,合法不合理。比如,许多牵涉到离岗教师学校分配住房归还的问题,房子又不是豆腐,不能随便切的,我想了好多办法收回这个分配的房子,跟老师沟通,尽量做到合情合理。那时候回来的老师真的不多,我们当时是计划经济到市场经济转轨,再加上当时学校的条件确实不算好,也留不住老师。还有许多老师学成

1990年赴美参加经贸四所院校与外国合作院校研讨会

归来,却发现教学计划中没有他们在海外学习的新知识,还是让他们教授出国培训之前的内容,这也是他们要离开学校的理由之一。因不能解决住房等问题,确实很难留住人。

党务工作的经历

1996年起,我调到刚成立不久的金融学院任党总支书记,一直干到2013年底,2014年至退休在工商管理学院任书记,干了十几年的党务工作,也算是有不少心得体会。

当时,大家一般都愿意从事业务工作,对党务工作都不太重视,认为搞不了业务才去做党务工作,不像十八大以后对党务工作很重视。许多人那时候也不知道怎么做党务工作,老是搞成两张皮,行政党务各干各的,这样肯定做不好党务工作。

我做党务工作的这十几年,一直有个目标,就是做一个让上级组织放心,群众满意的书记。从理论上说就是对上对下负责一致,根据上级指示精神和学院实际相结合。然后就是要把群众的所思所想挂在心上,关心群众疾苦,心里有群众。如果你不关心师生的困难,不关心他们的职称、住房、婚姻生活等细节问题,那也是做不好这份工作的。再然后要以身作则,这个也是我从小受的教育。还有就是要把党的工作融入我们日常生活的教学科研当中去。最后就是要把解决师生的实际困难与党的思想政治工作有机的结合,搞思想工作,大道理小道理都讲,要换位思考。

我所在的学院曾评上教委系统党的先进基层组织,里面的材料都是我们这些党员教师把教学科研、培养学生的成果搞上去作支撑的。这也是我一贯的主张,把党务工作做实,没有具体的科研教学、培养学生的成果是不行的。党的先进基层组织,来自党组织围绕中心工作抓党建,抓好党建促中心工作的成果。

师生们平时的一言一行我都做有心人,所以我可自豪地说,我们当时金融学院大概有六七十个人的时候,我都能跟你解释,哪一个老师现在所思所想是什么。我基本都知道。如果做个游戏,让某老师和我分别将其所思所想告诉第三方,是在想职称,还是想家庭琐事,还是婚姻大事,我基本能猜个八九不离十。这源于我平时和他们的交流,了解他们的特点、个性。所谓了解人,关心人,凝聚人,这就是基础。

当然这其中也有很多酸甜苦辣。有学生毕业的时候不够资格毕业,但是跟用人单位说能按时毕业。结果学生家长就过来找我们,让学校放水,用就业率来压学校。但这是原则问题,学校不会放水的。为了学生的利益,我也想了很多办法,跟用人单位谈,跟他们主管谈,请他们先收了学

1998年在古北校区金融学院办公室

生,晚一年再交毕业证书,让学生边工作边补学分。有的用人单位同意的,有的不同意,毕竟这也不是用人单位的问题。但有些学生家里也困难,需要找一份工作,这时候我就会通过各种关系请企业帮帮忙,先把学生收下来,我要帮学生解决问题的,学生家长也很感激我。

我们做思想工作,也怕学生走极端。学生有时候很脆弱,他们做了错事,想不通,我也要天天陪着他们,做通工作。基本上最差的和最好的学生我能记住。许多学生跟我打招呼,我也认不出来。

退 休 生 活

2015年退休到现在也有五年了,我也是量力而行,尽力而为。学校让我做关工委秘书长,这个工作对我们退休同志来说也是非常有意义的,这对培养学生树立正确的三观和教育学生听党话,跟党走,能起到独特的作用和效果。同样的话,可能我们这些老同志讲出来,大家更愿意听,用我

退休后担任校关工委工作,给学生上党课

们的嘴去讲点故事,能起到作用就行。退休党组织选我做支部副书记,我觉得这点退休党员都有共识,岗位退下来,党员身份不会退休,党员能发挥点作用,就继续发挥余热。现在还在网络上传播正能量的东西,做一些党员应尽的义务。还有一个我们学校退休的人员比较多,分成很多块,每个块都有块长,负责给学校退休人员传递信息,我也是块长之一,总之退休生活是很充实的,就是发挥余热嘛。

外贸学院发展历程

复校以后,第一批老师为学校作出了巨大贡献,现在他们都退休了,84年以后硕士生老师进来,这批人现在也进入退休年龄了,现在的主力军是2002年以后进来的博士生。说实在的,现在在松江校区上课的那批老师,既在古北路620号上过班,又在松江上过班的不多了。不过现在大部分40岁左右的校友还是认古北校区,因为他们都是这里毕业的了。再过二十年，就不是这个情况了。2001年开始有第一届松江校区的学生，2005年毕业，现在他们最多三十多岁，对古北是没有什么概念的。但是这栋贸源楼，是六十年代留下来的，是历史的见证，是个象征。

我们学校是松江大学城建好后第一家整体搬到松江大学城里面去的高校，全体教职工的办公地点都移到松江，不像松江大学城其他的学校，它的本部还是在上海市区。因为当时校领导认为要去早去，重心转移到那边，古北校区重新定位。因为这里撑死了每年招三百个本科生，四年一千二，学生已经没有办法住校了。九十年代末发录取通知的时候根据学生家庭的区域，离学校近的区都是走读，很多大学生觉得大学生活应该住校，与同学们混个脸熟。结果拿到通知书发现走读，校园跟高中差不多大。那么有些学生就在学校附近租房居住，我就帮学生租房子。学校后来联系了一块地方给学生租下来，但是还不够，当时学校的住宿规模只能供七八百学生居住，还有研究生没算，这里实在撑不下去了。

我当院办主任时，知道学校花了近五百万买下了现在七宝校区，这个投资决策还是很正确，毕竟现在土地升值很多。这块地方后来改造成教师公寓，在学校搬到松江以后，帮助学校引进了一批人才。因为土地性质的关系，这个地方不能造高楼，历届校领导都会思考这个地方的利用开发，现在思路逐渐明确了，还是回到引进人才这个角度上去。

关于松江大学城，我们学校的思路还是很明确的，选择直接整体搬迁。当时也有考虑过别的方案，比如本科生一二年在松江，三四年回市区，但是因为招生人数每年都上升到两千个，这样的方案更不现实了。现在古北校区综合楼建好了，图书馆修建了，相信随着十四五规划的出台，古北和七宝校区会有更科学的定位。

2000年松江校区开始建设初期，左一为金道明老师

关于更名大学，这件事我们把很多"不可能"变成"可能"。当时我们的想法很天真的，但实际上这件事非常难，有许多指标的，最硬碰硬的就是一百个正教授，三百个副教授的指标。我们当时想走捷径的，把退休的教授"借一点"过来，把兼职教授纳入统计范围。但是不行，因为评审专家也懂得，你们要打"擦边球"。这些教授要实打实必须是我们学校的，要看工资单是不是开在学校，上课的记录有没有，什么时候开始上的，正教授上了哪些课，人事档案在不在学校。这些事情都没办法作假的，聘请外来教授过来上课拿津贴可以，但关系过来是另一回事。

这也促使学校下定决心，先把人才引进，满足更名大学的指标要求。因为这个事情后遗症也是有的，因为我们学校的定位问题，教授满了以后，学校里的青年教师职称晋升的机会就减少了。而且临近退休的教授，引进来本来就不容易，就好像一棵大树，已经在别的地方枝繁叶茂，要拔出来重新移栽到我们这里，能种活吗？所以选择范围只能找三四十岁的那些人，真进来，不是假进来。这个时候我在金融学院工作，给我们学院

86

任务是在半年内一共要引进十九个人,其中一大半要副教授以上,只有半年时间。当时学院也就四五十个老师,教授副教授加一起也就二十几个。这里面就有矛盾了,当时我们这里已经是教授的人无所谓,已经是副教授的人,肯定有意见。于是局部利益全局利益混在一起,在这种情况下,我们硬着头皮,因为这个事情程序很复杂,也不能少,面试评审等等,不是看中了谁第二天就能来的。而且来应聘的教授也有很多要求的,比如小孩读书等一大堆的事情。如果是平常环境下,这种事情是做不成的。但是在当时的背景下,大家都齐心协力,就好做了。这也是我们学校的特色,当大家集中力量办大事的时候,我们学校凝聚力是最强的。平时大家都有意见,对领导也有牢骚,群众之间有矛盾,但在大事上都不含糊。

类似的事情还有 2005 年的学校本科评估,这个评估不作准备的话肯定不行,要得到 A,肯定要大家静下心来把短板补掉,对我们中层领导也是一种大考。当时学校开誓师大会,许多年轻教师都没经历过,但是这个时候,在这种气氛下,口号喊得响,说明大家真有干劲,大家心往一处想,事情就办到了。更名大学的时候,事情单个来看都是困难,拉出一张表,我们就一项一项解决。

总 结

我最大的成就感就是在这个学校工作了三十八年,从国外回来就开始从事行政工作和党务工作,有在几任校领导下工作的经历,对执行校领导决策的过程还是比较了解的。有些还历历在目,我也是无怨无悔在这里干了这么多年。很感恩,我的服务对象开心我也很开心。

　　我的职业生涯信条就是,"干一行,爱一行,钻一行",把职业当作事业来做,每次换个新岗位的时候我心里也没底,但是每次我会都尽力去学,尽力去做。我为自己能一辈子从事党的教育事业感到骄傲自豪。我们这代人在一个单位干到退休比较多,我也是无怨无悔的。这中间也有一段插曲,就是正好我自己 40 岁左右的时候,我的同学也是同龄人在外贸公司风生水起,收入颇丰。我家人也说你看你同学当时读书没你好,你看现在怎么样,诸如此类。那时候,我自己也算"抵御"了这种诱惑,毕竟我是真心喜欢学校的工作。现在我的同学对我开玩笑,说我退休金比他们高,我也笑答,那二十年前你拿了十万奖金的时候,怎么不与我比呢? 所以当时确实是有诱惑,特别是人到中年时,但我当时也确有一种与学校同甘共苦的想法。就像我们常和学生说"贸荣我荣",我自己也确实做到了。

口述者:高永富

坚持专业定位，
提高自身话语

口述者简历：

　　高永富,中共党员,籍贯江苏阜宁,1944年出生于上海。1978年起在我校工作,任法学院教授,研究生导师。期间曾任学校国际经济法系常务副主任、系党支部书记,国家商务部条法司和上海市商委特聘专家,曾兼任中国法学会世界贸易组织研究会常务理事;中国国际经济法学会常务理事;上海WTO法研究会顾问、上海昭胜律师事务所律师等。在国内外核心专业刊物发表论文100余篇,出版专著和合著20多本,承担过三十余项国家、省部级研究课题。曾参加《对外贸易法》和《中外合作企业法》的立法起草工作;在职期间,获得上海市教委和财贸系统先进工作者称号;多次获得上海外贸局和学校先进工作者称号;获得大江奖、爱建奖、宝钢优秀教师奖和学校名师奖等奖项。业余爱好:阅读,摄影,观看球类运动。座右铭:学无止境。人生感悟:人的一生成长不易,家庭父母的关爱,学校老师的教导,社会多重的锤炼,所以,每个人都要孝敬父母,铭记师恩,回馈社会,这才是完美的人生。

访谈整理人:齐超儒

求学复旦，应征入伍

我是 1944 年 5 月份出生在上海，籍贯是江苏阜宁，父母这一代就像现在农民工一样来上海打工并定居下来。我初中就读于天山中学，1961年考入复旦大学工农预科，1962 年学校更名为复旦大学附属中学。因为是复旦附中，高中毕业后，所以我们绝大多数同学都考上了复旦大学。在复旦学习的专业是英国语言文学，也就是英语系。当时只有英语，其他语种都没有，不像现在复旦有其他的一些语系，比如俄语系、法语系。之所以会选择学习英国语言文学，是因为当时复旦可以填报三个志愿，前两个志愿我填的是中文系和新闻系，第三志愿才是外语系。当时还有一件事情就是外语专业招生扩大。那时正是陈毅做外交部长，他提出外交战线上外语人才太少，需要扩大外语教学，培养更多的外语人才进行补充，于是我们就被招进去了。那一年(1964 年)复旦外文系招了 60 名新生，为历年来最多。经过五年的学习，1969 年从复旦大学毕业。

1969 年毕业以后，因为当时处于"文革"期间，推迟了分配。到了1970 年 3 月份，我就被挑选到部队去了。之所以去到部队，这要从美国的阿波罗登月计划说起。阿波罗登月的时候,美国向全世界转播,但是由于我们国家没有转播设备,也就无法看到,因此,周总理要求一定要想办法看到转播登月的情况,就把这个任务交给上海,建造像"大锅"一样的天线。设备造好后,可以转播了,但是在转播的过程中,有一些美军的通话需要翻译,可当时部队缺乏懂外语的人员,也没有专业的人。所以就从全国外语院校招了120多人进行集中培训,从事翻译和情报收集工作。

回到地方,入职贸院

在部队工作六年之后,1976年我回到地方。组织上就把我分配到外贸局职工大学。在职工大学就是教书,当时我还不愿意去。之所以这样安排,是因为外贸局组织部知道我在部队里有当教师的经历。其实,我们在部队是当小老师,并不是真正意义上的老师。当时在部队,大家都是工作人员,复旦相对来说,英语的水平比较好一点,其他院校的人员可能需要一边学习,一边培训,我们就当小老师。工作之余,我就负责我们团队的辅导。就这样,他一看我有这个经历,就派我到职工大学当老师。当时,外贸公司的有些职工,是内贸部门转过来的,也不懂英语,但是对外交往需要英语,所以也需要有人教授英语。不久后,外贸局组织部门将我调到当时叫做外贸局七·二一大学(其前身为上海财贸外语学校)任教。

1978年年中,外贸部指示筹备恢复外贸学院,上海外贸局决定在七·二一大学基础上进行复院筹备工作,并于当年冬季招生,我也顺理成章成了外贸学院的一员。复校初期的时候,我对于学校的第一印象就是非常小。一个是校园小,整个校园80亩地,后来因为要建职工宿舍还划出去一部分，宿舍建好了连 80 亩地都不到。第二个印象就是，基本上没有什么教学设施，一开始老的教学楼只有一栋。图书馆也很小，现在的图书馆都是以后扩建的。学生的宿舍也很小，没有几幢楼，学校的老师也很少。我们老师主要来自三大部分，一部分是当年去到上海外国语学院的老师，复校以后，有一部分老师回来；还有一部分是从外贸局系统下面的各个进出口公司招聘的，有一些懂理论的，又有一些实践经验的，文化层次也比较高的，愿意到学校里来的；还有一部分就像我们一些新招的人，应该说是新人。

全国高校因为"文革"都停招了，直到 1977 年首次恢复招生。1978 年高校招生时，我们学校还在筹备复校中，没有赶上这次招生。当年国家决定扩大高校招生规模，于是有了一年内的第二次招生，也就是 1978 年冬季招生。因为这次扩招，我校才招收了第一批大学生，1978 年共招了 300 多名学生，1979 年年初正式开学上课。而 1979 年的秋季学校只招了 60 名左右学生。复校的前几年，四个年级学生加起来，也只有千名学生左右，当时整个学校就是这样的规模。因为学校招生都是有计划的，这也不是完全学校能够决定的，招收名额主要是国家分配的，就像现在一样，基本上国家控制学校招生多少，会给学校一定的机动，但是这个机动不会很大。打个比方，我们现在大概每年招生本科生 2000 个左右，增加一百个最多了，不会太多。后来学校招生就慢慢扩大了，结果学校的宿舍都不够住了，于是采取了两个办法，一个办法是让上海的学生走读。还有一部分外地来的学生，没办法走读，学校就在外面租房子做宿舍，让他们住。复校之初，我们学校是属于经贸部下属院校，招生要从全国考虑，所以外地生比较多。经贸部下面有四所院校，北京一所、上海一所、广东一所、天津一所。我们主要负责华东地区六省一市的招生。后来慢慢地扩大,大概是李岚清当副总理以后,国家进行高校体制改革,国家部委除了极个别之外就不办学校了,全部下放给地方。经贸部就保留了北京的一所,当然后来归属教育部。我们学校在20世纪90年代就下放到上海市,此后招生的对象就不一样了,本地的学生慢慢的就多了,因为教育经费、教育资源,本地都想用在本地人的身上。

我刚入职的时候,在外贸学院干训部工作过一段时间,主要是培训干部。后来因为培训任务相对少了,干训部就撤销了。我们学校复校之后只有两个系,一个经济系,一个是外语系。经济系要开设一系列的课程,其中有一门课叫做国际商法。但是没有老师,裘劭恒当时是副院长,他凭借着自己的人脉关系,找了他的很多同学,加上裘劭恒一共五个人,也被称为叫五老。其中一人是原沪江大学毕业的,其他几位都是原圣约翰大学毕业的。他们来到学校的时候都是60多岁的人,年纪比较大,后面没有年轻的接班人。当时学校领导是尚秀义,他就找我谈,他说你愿不愿意到商法教研室工作? 我想可以的,因为我觉得外语是一门工具,如果能够结合一个专业能更好。所以,1978年复校后不久,我就到了商法教研室。调过去以后,主要是协助做一些助教工作并向老教师学习。

1980年,北京大学要举办青年教师培训班,学校就征求我意见,问我愿不愿意去,我想这是一个脱产学习的好机会,所以我就去了。当时是北京大学法律系办的班,我在那里学习,因为这个培训班不像本科生一样天天都有课的,空下来的时间,我就到北京外贸学院(现对外经济贸易大学),都是我们一个外经贸系统下面的学校。我就跟他们法律系的研究生作为旁听生一起学习。当时在北外贸授课的老师,在中国国际法专业领域也是很有名的。一个沈大明教授，就相当于我们学校的裴劭恒教授。还有一个叫冯大同的教授也很有名，就相当于我国的国际商法、国际贸易法专业领域的鼻祖，我们用的都是他们编写的教材。不过，在北京大学进修听课的时候，也遇到过一些困难。首先，他们请的不少都是国外的教师，外语授课，虽然我是复旦外语系毕业，但是毕竟没有经过全外语的教学，是有一定的困难的。第二个就是法学的底子没有，因为基础的东西没有学过，所以需要自己课外大量阅读来打基础，因为基础的东西他们就不教了，他们只教国际贸易法的一些东西，没有底子的话，听了就像云里雾里一样。这种情况只能靠自己去学，包括后来我到美国教书的时候也是这样。

任教法学，筹建新系

北大培训班结业以后，回到学校我就开始教授国际商法。1984年学校专业扩建，在国际商法教研室的基础上，经批准开设国际经济法专业。当时因为我比较年轻，就叫我参加三人筹备组来筹备。一位是朱向荣老先生，还有一位是刘桂芸老师。设立国际经济法专业是由教育部批准的，全国只有两家，一家是北京外贸学院，另一家就是上海对外贸易学院。后来随着国家改革开放，对外交流越来越多，很多学校也都开设了这个课程，包括华政、武汉大学、吉林大学等。

我们现在法学院也好，原来的国际经济法系也好，始终坚持一个方向，就是聚焦在国际法领域里面，我们不能像其他的一些老的学校，包括像专门的法律院校一样，全面开花是不行的，没有竞争力。加上我们学校是对外国际经贸，所以我们在法学院的办学方向上始终坚持国际经济法为主要方向。到后来在国际经济法领域,上海就形成了主要三家,一个是复旦,一个是华东政法学院,还有一个就是我们外贸学院。国外的一些律师事务所,像最早来到中国的美国美迈斯律师事务所,要办奖学金,就找这三家,因为他们到中国来,需要懂得国际法这些方面的东西。不过,到现在客观地说,我们有点落后了。

当时我们本科生专业很单一,就是国际经济法专业。1985年我们开始招研究生,像周汉民就是第一期研究生,他是以裘老的名义在带的。第一届只有两位,后来招的研究生三个也有两个也有,每一年大概就是这样子。本科生,一开始就一个班,二十几个人,后来逐渐扩大。当时我们专业的教师也很少,教师当时只有十多个人。有些课开不出怎么办?我们凭裘老的关系到华政请一些其他课程的老师帮我们来上课。后来我们教师队伍逐渐扩大,两位是华政的毕业生到我们学校来做老师,然后我记得1987年的时候,我们专门去了几个学校,包括到武汉去要了几位武大的硕士毕业研究生以及上海社科院、复旦大学、海事大学毕业的研究生等等。扩大师资学校也很支持,认为我们专业要发展,一定要有自己的师资。

当时开设的课程是比较多的,像一般的法理、民法、国际法、国际私法、刑法、民事诉讼法、刑事诉讼法、法制史,还有叫做国际经济法、国际投资法、国际贸易法。当时教育部和司法部对法学专业有个规定,要开设14门基础课。但是时间有限,因为前面讲到我们又是以国际法为主,所以我们就把14门基础课里面,特别是国际经济法这门课,把它的一些篇章独立出来。比如,国际贸易法、国际投资法,我们把它形成独立课程,基本上形成了我们现在法学院的基本课程。

我最早是讲授国际商法,后来又开设国际贸易法、国际反倾销法、世界贸易组织法等课程。建系后的一段时间，也开过民事诉讼法，因为我在当教师的同时，我也是一名兼职律师，经常会处理很多国际贸易的案子，有些比如说通过诉讼来解决争议的。还有公司法，原来是放在国际商法里面的，后来就单独开了。我们对于学生的英语水平要求很高，在招生的时候，外语是作为很重要的一门来考虑的，外语如果不达到一定水平，其他成绩再好也不会要，因为我们是外语财经类的院校。我记得1985年的时候，我们请了一个美国律师来上课，美国律师当时就讲英语，很多学生就反映听不懂，专业上和语言上都有些听不懂，就像我一开始在北大学习一样，但是教了以后对我们学校学生外语的提高是很有好处的。后来有些学生包括到经贸部（原外贸部）的学生，他说高老师，你们当时请的外教教师，包括一些律师，对我们帮助很大，不但业务上有帮助，外语上也有帮助。

远渡重洋，海外讲学

20世纪80年代，上海和旧金山结成了友好城市，友好城市当中有一个项目就是两市互派教师讲学。到了1985年的时候，上海就把这个项目落实到我们外贸学院。于是学院领导找到我，说现在有一个到美国讲中国的商法教学任务，问我去不去？当时我也很矛盾，因为到美国是用英语讲课，我从来没有用英语讲过课，对我来说，这是一个很大的挑战，但是又觉得机会很好。所以我想还是抓住这个机会，于是就答应了。因为当时我在学校的时候一面要教学，另一面还有行政工作、党务工作，没办法在家备课，所以我是到了那里之后才开始正式备课。在国内的时候只能抽时间准备一些。

旧金山访学

　　这张照片就是当时到了美国还没有上课，我住在美国旧金山大学一个教授的家里，她代表她们学校的法学院跟我们学校联系，我们学校就派我过去，因学校没有开学，我就暂时住在她家里。因为是 1985 年 12 月份去的，我在那里还第一次过了外国的圣诞节。第二年的 1 月正式上课。上课以后真是像现在国内讲的"996"，我当时应该是"997"，全身心地投入进去。因为大学毕业后在部队的工作，英语只需要能听懂不用开口说，我听了以后觉得有用的就把它翻译过来，交给上级，不需要开口。但是在国外上课要用外语，就逼着自己开口，备课也花了很长的时间。我当时也为教材发愁，正好美国有个叫做 ITC（国际贸易委员会）里面有个华裔官员，他对中国很感兴趣，因为本身就是华裔，他便弄了一本有关中国法律的教材，都是复印的，我看了一下，感觉这个很好，便跟他联系，问能不能把它作为我教学的教材。他说非常欢迎，于是我便用了他的教材，大概有六七百页。尽管是有关中国的内容，但是我要消化，除了看这个教材外，还看其他的资料，然后就开始上课，每周大概两次，一次一个半小时，所以是一边上课一边备课。

国内当时也有这些方面的相关法律，比如说我们有经济合同法，后来又出了一个涉外经济合同法。在教学的同时，我还应邀写了一篇论文，发表在旧金山大学法学院的法学评论上。这个就是我当时在美国发表的一篇文章，主要是介绍中国的经济合同法和涉外经济合同法。我国最早的涉外立法就是中外合资企业经营法，一共15条，这些都是我的教学内容，美国人对中国也很感兴趣。因为中国刚刚改革开放，美国人也想了解中国的相关法治情况，当时中国的涉外立法还是处于起步阶段，我就把中国已经颁布的或者在立法计划中的一些东西介绍给他们。因为我们跟政府有关部门也有联系，有些立法是我们直接参与的，所以事先也有所了解。当时听我这门课的都是美国旧金山大学法学院的学生，其实他们法学院的学生，按照我们的讲法，都是研究生，因为在美国只有本科毕业以后，才可以到法学院去读的。所以学生中既有工科的，也有理科的，还有文科的。20多个学生中绝大多数都是美国本土的学生，也有个别的华裔，他们在美国也想了解自己国家的一些情况。

在去到美国之前，裘劭恒教授交给我一个任务。他说你到了美国以后，你要研究美国的反倾销法。当时我们国内已经受到了美国、欧洲对我们的出口产品进行反倾销的调查，因为他跟中央有关部门与经贸部联系比较多，了解整个国家经贸情况，我们中国要进一步扩大贸易出口的话，这是一个很大的障碍，要我正好在美国做一些研究，我也带着这个任务去到美国。所以到了1986年底我回来的时候，带了两个箱子，其中一个箱子装满了复印的资料。在美国，我的教学和研究条件都不错，尽管我是他们的访问学者，但是提供的服务很好，包括我写的中国经济合同法这篇文章，打印、校对以及最后定稿都得到了他们的帮助。

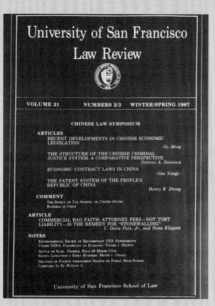

《旧金山大学法律评论》

　　在美国上课的时候,一开始我自己也比较紧张,要抓紧时间备课,上好课。大概一个半月之后,我感觉就比较轻松一些,备课基本上差不多了。时间多了以后,就可以去其他的地方参观学习。比如,到美国的商务部,因为要了解美国的反倾销执法情况,一定要知道他们是怎么处理有关我们的案件。然后我还去到美国律师事务所实习,这个讲得好听一点,就是自己对自己要求高。当时年纪轻,刚 40 岁出头,尽量多学一点,所以每周都会去一天到两天。因为这些律师事务所很多都跟中国有联系,他们希望在中国开展业务,到中国办律师事务所,我就相当于一个顾问,有关中国的情况就会来问我,或者说我要学习美国的一些东西,他们也来教我,有什么不懂的地方,就可以问他们。

　　当时在美国教书的时候,我的一些学生认识其他大学的一个教授,当他知道我是从中国来的时候,便邀请我去参观 NASA。当时这位教授还送给我很多关于美国航天行业的一些法律书籍和资料,希望我能够跟他一起从事这方面的研究。当然,后来我也没有去从事这方面的研究。这

参观 NASA

是我当时参观的时候拍的一张照片,他们拍了很多照片,也给我了一套。

尊师重道,薪火相传

裘劭恒和汪尧田两位教授是我们学校非常著名的资深教授,可以说到目前为止我们学校还没有任何一个人敢于说或者认为有人会超过这两位。相对来说,我跟裘老接触更多一点,因为他是搞法学的,我一直跟着他。从他主张并协助建立商法教研室,设立国际经济法系开始,再到后来举行的一系列法学活动,包括他为国家举办的一些培训班,比如与经贸部(原外贸部)合作开办的国外律师培训班,与司法部合作开办的涉外律师培训班等,我都参与其中。与汪尧田教授接触,是因为我教学的一部分内容与汪教授研究的关贸总协定是有关系的。当时他请我参加他的一个关贸总协定上海研究小组和后来的世界贸易组织上海研究小组,接触下来,前后也有将近一二十年的历史。

　　两位教授对于我来讲,无论是做人方面还是学术方面都有很大的帮助。从我跟他们的接触中,我发现两位教授有很多共同点:第一点,他们都很爱国;第二点,他们非常敬业;第三点,他们都是资深专家、学术大师,在这个领域里当时没有人能够超越他们,他们都是我们学校宝贵的财富。反过来说,两个教授除了共性之外,也有自己的个性。裘劭恒教授,他非常稳重,性格内敛,非常慈祥。比如说我刚才前面提到的,无论跟经贸部办的班也好,为司法部办的班也好,为上海市政府办的班也好,他都很重视,不知道内幕的人根本感觉不到,我们内部感到他是花了很大气力的。汪教授则是非常敏锐,非常外向,非常宽容。汪老在贸易部(外贸部的前身)工作过,后来去到北京外贸学院工作,再后来就调到上海对外贸易学院来。因为在部里工作过,所以视野就不一样。改革开放以后,他很快地觉察到我们应该重新回到关贸总协定。中国本来是关税总协定 23 个创始国之一,后来由于政治原因,再加上美国长期对我国采取封锁政策,国家也没有注意到这件事情。改革开放之后才发现关贸总协定是一个非常重要的国际经贸组织。因此,在内部就有人提出要重新回到关贸总协定。我们学校就以汪老为首,组织了一批学者研究。这个研究小组成立以后确实做了不少工作,我们很多研究课题都与经贸部(原外贸部)有关。我们跟中国加入世贸过程的四任谈判代表,沈觉人、佟志广、谷永江还有龙永图都比较熟。特别是第一任和第四任代表。第一任的沈觉人副部长只要到上海来,总要给我们做一些外贸形势的报告,为我们提出一些研究方向。后来到了龙永图,因为他在任时间比较长,联系就更多了。研究小组为国家提了很多报告,汪教授非常敏锐,一旦整个国际形势发生变化,他就抓住机遇抓紧研究,我们提供的一些研究报告经贸部也比较重视,当时他们还不时地为研究提供了一些经费。

参与立法，教学相长

除了科研和教学以外，我还参与了一些立法和司法实践，有些是直接参加起草立法，比如说涉外经济合同法、对外贸易法。当时起草涉外经济合同法时，是由条法司的张月姣负责，后来她也是世界贸易组织的中国首位大法官。因为经贸部负责起草涉外经济合同法，所以就从我们经贸院校选出一批学者，跟他们这些官员一起来讨论起草。当时参加的学者有北京的冯大同，上海就是我。第二个是1988年参与《对外贸易法》的起草。当时经贸部在武汉召开一个全国外贸工作会议，工作会议的中心就是制定我们的《对外贸易法》。裘老是以经贸部特聘专家出席，我们是作为一般的代表参加的。《对外贸易法》的制定是由两个人负责的，一个是沈觉人副部长，一个是李岚清副部长。会议结束以后，他们就找了大概六七个人，包括我在内以及北京的冯大同等，还有一两个其他老师参加，再加上他们条法司的人。我们被抽调到北京，由当时的条法司王副司长负责，整整一个星期，做了两件事。一个是将武汉大会所有关于这方面的意见进行整理、汇合，另一个就是起草《对外贸易法》的初稿。

通过参加这些活动，使得自己能够了解我国整个的外经贸法律体系以及国外的相关情况。因为我们制定这些法律时，参考了很多国家类似的法律，特别是美国、欧洲的一些法律。在此之前，我们是没有这样的法律，基本是空白的。可以说当时我们是依样画葫芦，将他们的法律与中国的实际相结合。如在我国的《对外贸易法》中保留了外贸经营权的审批规定,反映了当时改革开放进程中的现实。后来在我国对《对外贸易法》修改时取消了外贸经营权的审批规定,但在基本结构与主要内容上,跟他们是差不多的。因为要融入国际社会,就不能自己另立一套,中国制定的法律也需要国外的认可才能得到较好的执行。在业务上,我们通过立法,一方面我们为国家提供意见,另一方面国家也收集了很多国外的大量资料给我们参考。因为作为一个普通的教师,当时是很难有办法得到这些资料。不像现在网络比较发达,当时还是比较困难的。也正是因为有了这些实践和大量的资料,所以从90年代开始后的20多年间,我每年基本上能够发表2至3篇的论文,一本著作,包括译著和合著。当然,这与年龄的增长也有关系,进了中年之后,既有基础的底子也有较为丰富的实践,所以科研的产出就会高。

言传身教,满城桃李

关于师生关系,我个人感觉可以用十六个字总结,第一个是要"以身作则"。我们有句话叫身正为范,比如说上课,我都是非常认真地备课,哪怕讲过不知道多少遍的,我上课之前还是要花半个小时到一个小时看一看,补充一下。上课时要"言之有物"。因为有些东西你不讲的话,学生也可以通过书本看得到,但是有些东西你需要讲得很实在。比如说我给84级上课的时候,因为我从事律师工作的关系,当时在一个公司担任法律顾问,他们有一个项目在菲律宾,是用菲律宾的地下热源来发电。但是后来发生了争议需要处理,项目就停下来了。这个公司就找到我们学校,请我作为法律顾问帮他们处理这件事情。我在那里待了大概四五个月的时间,把前期的工作都准备好了,后面是因为学校教学需要,我就回来了。正是因为有这样的实践,我后来无论是在给本科生上课还是给研究生上课时,就用这个仲裁案子,学生也很感兴趣。高校教师任务之一,就是搞科研,在这方面,我也注意给学生以表率作用,认真努力搞好科研,发表论文,出版著作,这在前面已提及。

第二个就是"平等待生"。对待学生要平等,我个人的理解不是教师自己强调师道尊严,而是让学生自发的感到你是值得尊敬的,这样子才能水到渠成。比如说我上课的话,有个别学生他会跟我争论,认为老师讲的话不一定是正确的,他有自己的想法,我就让他讲。当时有一个本科生就是这样,后来他考研究生考我们本校,他就选我当他的导师,现在是在静安区检察院工作。

第三个就是"宽严相济"。对学生要严格,我们中国一句古话叫严师出高徒,你不严格不行。比如,我交给学生的任务,都有严格要求的。有时候学院的领导来找我,意思就是你让他过吧。我说过是可以的,但是不成熟的或者不对的地方,一定要改过来。还有一件事,我有个研究生,他当时跟研究生部有一些矛盾,所以他就不肯交住宿费。研究生部的人就找到我,希望我从中做一些工作。那么我就找到学生,我说你对他有意见可以。但是,交宿舍费是学校的规定,不是你们两个人之间的事。第一次学生答应我,说会交的。过了一段时间我碰到研究生部的人,我就问了这个事情,我说他交了没?他答应我交了,结果他没有交。第二次我再找到他,我说你不是答应我交,你怎么不交?他说我忘了。一直到第三次,这个研究生还没有交。我又把他找来,第三次我跟他发火了。我讲你是一个学生,考研究生之前还是个律师,你这样子是讲话不算数,你还是个律

退休欢送会

师吗？你还是个学生吗？这是我第一次对我的学生发这么大发火。我讲你不交可以，你讲我就是不交，你给我当面讲是交的，你到那里又不肯交，结果后来是我给他垫上的。这个学生毕业以后到律师事务所工作，对我也没有产生其他的看法，因为这个是我为他好，为他着想。所以对待学生要有宽有严。

最后一个就是"关爱学生"。因为我的这样一个年纪，特别是后来，可以说比不少学生家长的年龄还要大。所以我也把学生当成自己的孩子来看待。在古北校区期间，基本上每年的中秋节，我都会买点月饼和学生一起过节，因为他们不能回家。我也资助过两个本科生，从他们二年级开始，当然钱不是很多，每个月几百块钱，一直到毕业。其中有一个学生，还报考了我的研究生，工作以后，经常跟我联系，逢年过节还会送我一些东西。所以我做了一生的教师，不后悔，原来的时候并没有想过要当老师，到后来觉得当老师是一件很好的事情。

今年我已经退休六年了，我退休那年，有两件事情让我很感动。一件

106

事情是当时法学院院长陈晶莹，他在法学院为我搞了一个退休仪式，还举办了一个高永富教授科研成果的研讨会。我其实做了一个高校教师应该做的事而已。第二件事情是我历年所带的研究生，在我2014年退休时搞了一个活动，他们租了一个游轮，全国来了五十多个人，大家一起自助餐，游览浦江，给我印象很深。他们还专门集体送给我一个单反照相机。所以跟同学的关系直到现在也很好。

甲子寄语，殷切期望

我们学校建校60年了，古话说一甲子，不容易。从人生这个角度来比喻的话，就像到了一个青壮年的时期，也比较成熟了。60年来，我们学校从小到大，无论是师资规模、专业类别、科研水平，还是教学设施和软硬件等都有了长足发展，现在学校正处在从大到强的征途之中。进入上海对外经贸大学，可以说我与学校同命运，共呼吸，我目睹了学校从小到大的全过程，也期待我能见证她从大到强的全过程。我想主要谈三个方面坚持和期待：

第一个是坚持学校的国际经贸专业领域方向的定位，期待进一步提高我们在这一领域的国内外话语权。我校是我国为数不多的对外经贸两大院校之一，理应也必须在我国高等教育史和外经贸发展史上留下重要篇章。

第二个是坚持创造和完善我校人才辈出的条件与环境，期待能够涌现几位像裴老、汪老这样一些资深专家。当然大环境没办法，但至少我们需要的人才辈出的校内环境可以在一定的范围自己创造出来。所以回到一句老话,我们高校里经常讲的一句话,高校的高,不是高楼大厦的高,是要有大师级、高端的人才。

第三个是坚持教学与科研并重的方针。这两个是相辅相成的,一方面,学校要培养人才,教学搞不上去,人才是培养不出来的。另一方面,光谈教学,没有强大的科研力量,高质量的人才也培养不出来,大师也出不来。从话语权这个角度来说的话,更侧重的是科研的力量。我们从这次疫情可以看得出,那些国际国内有名的专家,像中国的钟南山、李兰娟,他们讲话就有话语权,他们讲的话大家就会听,所以我觉得教学科研要并重,而且从教师和人才培养的角度来看,科研要更重要一些。当然现在我们的科研应该说已经有很大的进步,当时我在古北校区的时候,汪老师是我们学校第一个获得国家社科课题的教师,我是第二个获得的。当然,现在情况很不同了,现在我们一个学院可能一年就有两三项或更多,其他学院情况也一样。

最后,有一个小小的希望,那就是博士点的申请我们到今天都没有解决,我希望能在最近两三年内能实现突破。

口述者：李邦君

从理论中来，
到实践中去

口述者简历：

　　李邦君，中共党员，安徽桐城人，1938 年 12 月出生。曾任上海对外贸易学院经济学教授、硕士生导师，兼任上海国际贸易学会会员等。1964 年华东师范大学生物系毕业。1978 年进入上海对外贸易学院，主讲《政治经济学》《中国社会主义经济问题研究》《企业外向经济学》等，著作曾荣获全国首届外经贸研究成果三等奖和上海市第五届社科研究成果三等奖。1995 年获大江园丁奖，1999 年获上海高校"两课"优秀教师称号，2004 年上海市优秀教育工作者称号等。

访谈整理人：丁千钧

农家子弟求学沪上

我是 1938 年 12 月出生，属虎，安徽桐城人。我有六个兄弟姐妹，我排行最小，父亲在我三岁时就去世。家里就我一个是读书人。虽然是个农家子弟，但在我年少时，母亲无论条件多么艰苦，依旧含辛茹苦供我念书。解放前断断续续读过两三年的私塾，解放后读小学、中学和大学。我读书比较迟，由于有点私塾基础，进小学一开始就是四年级。高中就读于百年老校桐城中学，这个学校很好，现在是省重点。高考时分文、理班，我属于理科班，是理科中的农业医学班。这个班要么干医生，要么干农业生物这一类。我想，我是农家子弟，还是学点农业生物相关内容比较好，就选了生物。在高考填志愿时，由于家境贫寒，我第一第二志愿都是填写读书不要钱的师范类院校。

1959 年，那年我 20 岁，通过参加高考，考取了华东师范大学生物系，离开老家来到上海。当时，整个桐城中学只有 7 个人考到上海来，还是相当不容易的。那个时候，华师大在全国师范院校里是属于师资力量很强的院校。我在大学期间，除了本专业的学习之外，对政治思想理论课也很重视。我对大学开设的哲学、政治经济学和党史课很重视,听课在前排找好座位,认真听、认真记,课后还整理笔记。我在图书馆里读书的时候,除学习专业课内容外,还常常看哲学、政治经济学这类书。一些同学说我专业学的不错,没想到政治思想理论课学得也很好。用那时候的话来说,就叫"又红又专"。因为我这个农家孩子读书不容易,在大学读书的时候,从不浪费自己的时间。上海学生可以回家,我在上海又没有家,我就在学校里面,在宿舍、教室、图书馆里看书学习。我大学的选修课是恩格斯的《自然辩证法》,我学得也很好的。事实上,我对政治理论学习很感兴趣,所以这方面的老笔记我都还保存着。说来是个笑话,大学五年的时间里,我没有去外滩玩过。临近毕业,我想我要离开上海了,应该叫老母亲来上海一玩。我就带她逛了一下当时上海外滩、南京路等有名的地方。我老母亲第一次看,我也是第一次看,因为我平时不出去玩,我也没有钱去玩,都是在学校里读书学习。那时老母亲卖鸡蛋赚的几个钱给我零用,我从来舍不得用。我攒起来作为回家的路费,顺便买点糖果饼干带回家。

从市委农村政治部到外贸局

就这样我在华师大念了五年大学。当时我也没有想毕业后要留上海工作。毕业时我报名到祖国最需要的地方,叫做"好男儿志在四方"。我想我是安徽人,又是单身汉,走遍四方,去哪里都一样的。但是到毕业正式宣布分配的时候,辅导员一个一个读完名单及去处,最后宣布"李邦君上海"。宣布完后,辅导员找我谈话说:"你要做两手准备,第一手准备就是留在我们华东师大工作,第二个就是市委组织部正在选人,我们把你报到市委组织部。如果市委组织部把你选上了，那你就去那边报到工作。"
我在大学五年期间读书很用功的，也是团支部书记，当时给我的评价就是
我有组织工作的能力，包括政治思想各方面都很不错，所以就这样选我去
了市委组织部。当时全校就三个名额。我等了一段时间之后，市委组织
部通知我去报到，作为后备力量培养。我1964年8月就到市委组织部报
到了。当时，全市包括外省市分配到上海工作的共二十几个人去市委组
织部报到。我到市委组织部报到后，又马上分配我到上海市委农村政治
部工作。当时，我们刚去组织部报到时，部长跟我们说："不了解农村就不
了解中国革命，你们先到农村去接受锻炼。"所以我报到后的第二天就到
上海奉贤四团公社参加四清运动，接受教育。那个时候，有很多大学生在
那里。我那个时候作为市委机关的新干部，一道参加锻炼。我在奉贤那
里锻炼了几个月之后，就转到南汇县惠南公社和惠南镇参加四清，我先当
工作组的副组长后担任工作组组长。与我们在一起的有上海财经学院、
上海中医学院、同济大学的学生和老师，也有团市委、公安局和部队的同
志。参加工作一年后，组织上定我行政21级，工资每月65块半，比一般
大学生高一级。我是1966年1月入党的。那个时候也讲家庭成分，我家
是贫下中农。我在农村四清运动做到1966年。

从四清运动回来后，大约从1966年6月开始，我先后当联络员、参加
市委接待站工作、到崇明县去抓革命促生产和参加市革会郊区组工作。
1968年8月，当毛主席关于学习灵宝县经验干部下放劳动的指示下达后，
我第一个报名到农村去劳动。于是，我与另外两位同志一起到七宝的七
一公社参加劳动。我是农民家庭出身的，与农民一起生活惯了，每月交12
块饭钱，与农民同吃同住同劳动。在七宝劳动几个月后，由于市直机关五

七干校在奉贤建立,我于1969年2月从七宝直接到市直机关五七干校劳动。在干校待了一年左右,1970年夏天,干校动员机关干部到工厂去"战高温",我又主动报名。当时把我分配到离家较远、地处"老闵行"的上海重型机床厂劳动,在军工车间,清理车床车下来的铁屑,三班倒,与市劳动模范一起抬铁屑,一两百斤一箩筐照样抬,确实是个锻炼。后来,由于我爱人生孩子要照顾,我在闵行劳动时一星期回家一次不方便,经组织同意,我从闵行调整到市区斜土路的上海第三机床厂劳动。在机床厂做铣床工,具体做大炮出气杆,这项工作技术质量和精确度要求很高,误差不能超过人的一根头发丝的十分之一。开始做的时候浪费了不少原材料,后来在老师傅手把手的指导下,我很快掌握了操作技术。当我能独立操作时,市委组织部门要调我到市外贸局工作。当时第三机床厂党委书记一定要留我,但最后还是市委组织部门把我抽调到上海外贸局。在外贸局,当时叫我做外销员。对外销员的要求很高,要接待外宾,政治条件要求很高,涉外无小事。具体是接待外国来展工作,接待外国办展览会的,先后接待了日本、民主德国、意大利和英国等国家。那时我经常在中苏友好大厦参与接待外国来展。

我深刻感到,实践能锻炼人、增长人的才干。那些年,无论是在农村还是在工厂,同工人农民打成一片,我从他们身上学习到许多优秀品质,经受到意志上的磨炼。此外,无论在工厂、农村劳动还是搞外国来展等工作,在劳动和工作之余,我都抓紧时间学习理论提高自己的知识理论水平。在那段期间,我挤出时间通读了《马克思恩格斯选集》《列宁选集》《毛泽东选集》以及有关政治经济学等书籍,这为我以后工作奠定了很好的基础。

调入外贸学院之初

1978 年 12 月，我听到一个消息，知识分子要被重视了，科学的春天到了。所以我就跟外贸局组织部门商量，是不是可以换个工作环境，我在机关待的时间很长了。对于换个环境，我的家属也同意。当时，上海对外贸易学院正在恢复，筹建的人就是外贸局的领导，于是我就提出我的想法。我的要求很快得到批准，同意我到外贸学院工作。批准的第二天我就拿着介绍信到外贸学院报到了。

从 1978 年到 2008 年，整整三十年，我人生的很大一部分时间献给了外贸学院。外贸学院的发展，我是见证人。

复校时学校的状况与现在相比，那是天差地别的。学校刚刚恢复的时候，规模很小，和中学差不多。占地 80 亩左右，一个教学楼，一个行政楼，我们老师与行政人员都在行政楼里一起办公。主要的系是经济系、外语系。复校招生只有 1000 多个人，教职员工大概 100 来人。大部分的教职工都是外贸局过来的老同志。我从外贸局过来开始搞行政的，来校报到时，学校有些人认识我。这些老师的业务能力很强，实践能力很强。也有一些是原来外贸外语中专的老师转过来的。所以，当时最大的问题是师资力量不足。

那个时候刚刚复校，经历了"文革"，学校的设备比较陈旧，课桌椅都是旧的，黑板不黑，学生看老师用都很吃力。还有就是食堂，食堂是用油毡子盖起来的。当时一位副市长到我们学校来考察，她见到我们的食堂就说，这是 1958 年大跃进的食堂，简陋的不得了。而且教学楼和食堂都有外面下大雨里面还有漏水的地方。还有一个情况就是,当时古北路都是烂泥地,因为这里是城郊结合部,是两不管地带,那个路也没有人修,下大雨时都要穿套鞋。我的老乡来看我,他说你怎么到这种地方来了。那个时候,学校没有跑道,后来才搞了个小操场;图书馆也很小,藏书量也很少。所以说,我们学校就是从这样一个基础上慢慢恢复发展起来的。

那个时候的条件虽然非常差,但是在那种环境下,我们的老师能坚持下来,我们的学生也能坚持,认真读书学习。我们老同志回忆起那时的校风和纪律,到现在还记忆犹新。那个时候,我们学生的求知欲望很高。学生上课都是往前排坐,无论大课小课都是这样的,认真听课记笔记。没有早退迟到的现象,更不会带水带吃的到课堂上的。我记得很清楚,当时有学生上我的课,因为上课笔记记不下来,还跑到我的办公室补充笔记,就是这种学习精神。所以那段时间的学风是最好的,至今都难忘啊!条件虽简陋比较差,但是学风纪律好,老师干起来也起劲得很,可以说是废寝忘食。

从行政转岗教学

我来校的最初是在办公室做行政。当时,学校的师资力量比较缺乏,马列教师也紧缺。我在办公室工作没多久,办公室楼上的一位教哲学的老教师对我说:"你愿意到马列室工作吗?我们马列教师缺人,你来我们要。"关于教马列,我有这个兴趣,也有一定基础。前面我也提到过,我在大学和工作的时候自学过一些理论知识,《马恩选集》《列宁选集》《毛泽东选集》我都读过,我也很喜欢听一些这方面的讲座,教政治理论课自认为还是可以的。当时有两门课让我选,按照我原来的意图,我想教哲学,

李邦君老师在备课

后来家属跟我商量，现在强调经济建设，你就从头开始，教政治经济学。从1979年秋季起，开始教《政治经济学》课程，边学边备课边教学，认真写教案，写了很多教学笔记。功夫不负有心人，上课第一炮就打响了。我的讲课还是很受学生欢迎的。除了学生的反馈，当时，政治经济学有好多老师都对我的讲课非常满意，他们觉得我实践能力很强，与实践相结合的讲课很形象、有激情，很容易让学生接受。所以外贸学院当时搞优秀教师评选时，我就被评为受学生欢迎的优秀教师。

但是，我毕竟不是政治经济学科班出身。1983年秋季，教育部有一个政治经济学进修班在复旦大学经济系主办，这是个好机会。学校领导同意送我到进修班学习。我从1983年到1984年在复旦大学政治经济学进修班整整学习了一年。专门进修马克思《资本论》和列宁《帝国主义论》以及社会主义经济建设的理论与实践问题。这次进修很重要，一年胜于四年，我做了《资本论》100多个习题，把《资本论》三卷厚本都通读了，像海绵吸水一样学习，搞清了《资本论》的脉络体系。那些原来学文科的教师都说我太厉害了。早年自学是支离破碎的,现在我把理论体系内容搞清楚了。这个进修,为我打下了扎实的理论基础。进修回校后,我继续进行政治经济学教学并担任政治学教研室主任,一干就是整整30年,为我校坚守政治经济学教学阵地尽了自己一份力量。

教学三十年的心得体会

在外贸学院的30年,我给本科生和研究生都开过课。对本科生,除开《政治经济学》外,还开设了《中国经济概论》《邓小平理论》《三个代表重要思想》和《科学发展观》等课程;对研究生,开设《资本论选读》和《社会主义市场经济研究》课。此外,在外贸经理培训班上,开设《社会主义经济理论和方针政策》课程,大概前后开了有七八门课。根据外贸院校特点,从学校招收研究生的一开始,我就对面向全校研究生教授《资本论选读》课。关于我上课,有几个印象最深刻的事情:第一个,上世纪80年代在古北路校区,当时几个老师都在讲政治经济学,学生们都比较认可我的课,我上课时,有时一些学生跑来听我的课,教室后面没有座位,他们都在教室后面站在那里听课,这说明我当时的教学是被学生认可的。这个场景给我的印象太深了。第二个,就是我在复旦大学经济系进修,打下了深厚扎实的基础,终生难忘。第三个,就是教《邓小平理论》。当时在普遍提《邓小平建设有中国特色社会主义理论》,还没有叫《邓小平理论》时,我们学校领导叫我在外语系以《邓小平理论》课名搞一个教学班试点,对这个班我自编教学提要,教学一个学期,效果很好,当时也没有刻意对外宣传,就是默默尝试。第四个,就是《三个代表重要思想》进课堂。在当时还没有正式

李邦君老师在授课

提出进课堂时,我率先编了《三个代表重要思想教学提纲》进行教学。在2019年的时候,由我们上海对外经贸大学马克思主义学院牵头,举办了一个全国性的习近平新时代中国特色社会主义思想研讨会,邀请我参加了,我在会上专门以《政治经济学在高校的地位和作用》为题做了一个发言,讲到我们学校坚持政治学教学的阵地60年不动摇,讲到改革开放40年不受任何影响,坚守政治经济学教学的事情。很多同志听了我的发言后很感动,他们说他们学校没有做到。我说在这个问题上,我们外贸学院从领导到教师都是很重视的,没有放松过,一直坚持到今天。

我的教学有几个特点,我想主要是"三联系":联系理论实际、联系社会实际、联系学生本身的实际。做到"三联系"之后,学生的接受度就很高,没有感觉到你是在讲空泛的理论。例如,在一开始讲政治经济学时,我跟学生讲,你们天天见到商品,天天要用它,但是你们都不了解它。这就是毛泽东同志讲的,商品这个东西,千百万人天天看它,用它,但是熟视无睹。只有马克思主义政治经济学才科学地研究了它。我们现在发展商品经济和市场经济,发展对外经济,必须要真正了解商品和货币,就要通过政治经济学的学习来掌握它。由于我把抽象的概念具体化,联系实际讲,讲的比较具体、比较实际、比较形象,所以大家也能接受,愿意听。

关于当下的授课形式,我也有些自己的看法。我是 2008 年之后才开始用电脑,我退休之前没有用过电脑,备课笔记手写,讲课在黑板上写板书,所以我的备课笔记有很多本,堆起来很高。我退休后有一段时间在教务处当教学督导员,到课堂上去听课,看到老师现在讲课用电脑多,采用多媒体教学,这当然是社会进步的体现。但是只用多媒体,只让学生看屏幕,不在黑板上写板书,看来也不行。我经常和一些上课的老师讲,多媒体教学不能代替你的手写教案和板书,手写教案和备课笔记能提高你的教学知识能力和水平。知识在不断地更新,只是抱着一本书、一个教案是不行的。我们那时候用板书教学,学生看黑板,注意力还比较集中,还愿意听。现在用多媒体,有不少学生在做其他的事情,我在有关会议上也提出板书不能丢,还是要提倡,做老师不会写板书行吗?我当教学督导员有五六年,75 岁之后才不做督导员的。我总的看法是,教师讲课用电脑采用多媒体手段是好的,但是仅靠电脑显示屏讲课,讲课的仪态、生动性很难表现。新老师备课讲课是认真的,但是有时候上课时学生在做其他事情的不少,这里有只用多媒体教学不用板书的弊端。教学手段要多样化,不要太单一。

平衡教学与科研

我是 1990 年评上副教授,1995 年评上教授的。我没有评过讲师直接晋升副教授的。大家都觉得我做副教授是够格的,因为我教学和科研能力都比较强。1995年评上教授后,只带过一个研究生。因为我们学校一开始是没有政治思想类的研究生的,后来才招收马克思主义中国化硕士研究生,我带了一个研究生就退休了。

为了搞科研,我把寒暑假时间都用在科研和社会调研上。在科研方面,我获得过一些荣誉。其中,上海市社科规划课题《上海国有外贸企业和"三资"企业出口比较研究》荣获全国首届外经贸理论研究优秀论文三等奖;市教委课题《邓小平对外经济战略思想与外经贸两个根本转变》荣获第二届邓小平理论研究优秀论文三等奖;2002年,我又参与了德国阿登纳基金会与上海对外贸易学院合作的课题《中德市场经济比较研究》和市教委课题《入世后上海出口战略选择及对策研究》。另外,我主编、参编《政治经济学原理》《中国经济概论》等著作六部,发表论文近百篇。

关于如何平衡教学与科研的关系? 我认为,作为一个教师,教学与科研是两不误的。科研,有利于促进和提高教学。作为一个研究型大学的老师,应该要把教学与科研相结合起来。研究应该关注社会经济问题,不要搞纯理论,不要就理论谈理论,而要与社会经济实际相结合,这样才有生命力,有实际操作作用。我的课题都是这样,有实践性。例如,1994年我根据邓小平提出把上海建成国际贸易中心的思想,联系上海和全国对外贸发展的实际及其发展方向,撰写了一篇《加快实现邓小平提出把上海建成国际贸易中心的战略构想》论文,提出"实施超常规发展战略,抢占国际贸易制高点"的基本观点及建立国际贸易中心的政策措施。这篇论文经全市有关专家讨论得到肯定,确定在当年在全市召开的"邓小平理论与

李邦君老师参加中国国际贸易学会1989年学术年会

上海改革开放理论研讨会"上作交流发言,我的发言获得了与会专家学者好评,认为有理论性、实用性和操作性,有几家杂志争着刊登这篇论文,最后由上海《学术月刊》登载了。

学校始终重视政治经济学

我们外贸学院对于政治经济学非常重视。经济类院校不同于其他院校,经济理论应该要有,要重视政治经济学。因为政治经济学在对外经贸院校里面是双重作用,一个是思想政治理论课,还有一个是业务基础理论课。无论你是学金融、贸易、会计还是统计,都要有政治经济学基础。这种二重性正是我们外经贸院校的特色。因此,我们学校对政治经济学从来没有放松过。教学课时比原来虽有减少,但没有取消过课程。原来的课时很多,每学期有80个课时,分为资本主义部分、社会主义部分。后来只讲政治经济学原理,主要讲商品经济,课时相对减少。我对研究生教的《资本论选读》

从 1986 年教起一直讲到 2006 年,后来改成《社会主义市场经济研究》。

我们学校马克思主义理论教学部门有一个发展过程。它的发展历程,我总结下来是走了一个曲折发展道路。我开始从事马克思主义教学的时候,那个时候有一个马列主义教研室,里面有哲学、政治经济学和党史教学小组,教师有十几个人,后来逐步发展到二十多人,也分哲学教研室、政治经济学教研室、党史教研室。后来成立基础部,有语文、体育和马列三个教研室,把马列室放在基础部内,老师们只出不进,很长时间我们马列老师没有进,很多老师退休后,只有剩下几个人,按照当时的说法,是少数人干大家的活,多劳多得。后来基础部改建为社科部,把体育教研室分出去,社科部由马克思主义教研室和语文教研室所组成。2006 年教学评估前后逐步引进教师,教师逐步增加现在有 30 人左右了,马列占据重要地位突出了。我退休以后成立了马克思主义学院,我是从社科部退休的。中间马列教师虽有减少,但政治经济学教研室的力量还是有保证的,守牢政治经济学的教学阵地。

退休生涯服务学校

关于退休生活,我虽然退休了,但是仍然参与做一些事情。我退休后参与做的第一个工作就是学校教学督导,每个星期都要来学校听课。第二个工作,是组织部跟我谈,安排我参加关心教育下一代工作。我现在还和会展与旅游学院保持着联系。第三个工作是老教授协会,我是副会长,一直做到现在。第四个就是离退休党委下属的支部书记,我是第六支部书记,包括外语学院和马克思主义学院的退休老师。这个退休支部的书记,我已经做三年期满了,而且年龄大大超过了规定要求,需要选年富力强的退休老师来干。另外,我为毕业生党员、入党积极分子上党课。10多年,我给20多批青年学生上过党课。还与入党积极分子和支部已经审批了的新党员谈话,我是作为老同志,把好入党关,给新党员提要求和希望。我给新入党的同志谈话,大概有30多人次。我觉得,作为一个老党员,应该尽点发展党员的职责。我每次谈话,新同志的反映都不错。因为我谈的东西都很实在,包括入党动机及入党之后究竟如何做一个好党员,怎么严格要求自己,不能入党之前积极、入党之后懈怠。我常常告诉新同志,入党之前你是要求入党的,入党之后你作为党员,你是党的一分子,不要混同于一般群众,要时时处处起表率作用,不应该对党造成不好的影响,要为党争光。我讲的这些话,他们都觉得很中肯。我还能做到,新党章一出版我都要买,随时翻翻党章。作为一个党员,要按照党的规矩要求去做,党员的权利义务都规定了,要自觉执行。我认为,不要因为退休了,党员也退了。党员是要为党的事业奋斗终生的,奋斗目标没有退,应该向党的优秀分子和先进模范人物学习,永远记住入党誓言,争做真正合格的共产党员。

对学校未来发展的期盼

对于学校未来的发展,我认为要做好这样几件事:第一,要抓好内涵建设。这里尤其要发挥好本校几十年形成的特色优势,在竞争中显现自己的优势。外语外贸是我校的强项,要围绕强项加强内涵建设,努力提高教师的专业素养、教育教学能力和实务能力。同时要更加深入推进师德师风建设,进一步增强广大教师的使命感、责任感和教书育人、为人师表的自觉性。第二,要加强思想道德建设。要加强学生政治思想道德素养的培养。尤其要加强马列主义、毛泽东思想和中国特色社会主义理论,特别是习近平新时代中国特色社会主义思想教育。政治思想道德建设是学校必须抓住的灵魂,要把思想政治课与课程思政结合起来,一刻也不能放松,这关系到社会主义培养目标的问题。第三,要抓好各类专业的学科建设。要从培养人的角度和增强外经贸院校的特色来设置专业学科,设置学科要有责任感和发展方向,把办学的定位和目标同学科建设联系起来。第四,加强校风校纪建设。一个好的学校必须纪律严明、校风优良。要努力形成奋发向上的校风、刻苦学习的学风,只有这样才能进一步向更高层次发展。

最后送给所有上经贸人一句话:"六十载风雨兼程砥砺前行,新时代乘风破浪再创辉煌!"

口述者：黄晓光

万丈高楼
平地起

口述者简历：

　　黄晓光，1980年考入上海对外贸易学院，1984年毕业留校。1988年获得联合国国际贸易中心奖学金，赴荷兰商学院尼罗得大学求学，获工商管理学硕士学位。1992年初进入银行业，在其职业生涯中先后在不同国家和区域工作，曾任花旗银行(中国)有限公司行长、美国银行中国区总裁及美国美林中国区全球企业和投资银行联席主管。2015年1月加入澳大利亚和新西兰银行集团有限公司担任澳大利亚和新西兰银行(中国)有限公司行长、首席执行官及大中华区总裁，主要负责澳新中国战略计划的制定与执行以及领导大中华区团队把握区域内的贸易及投资机遇。曾获得2007年上海市政府"白玉兰纪念奖"、"2007年中国十大财智英才"、2008年第一财经金融价值榜"年度金融家"以及2015年"沪上金融行业领袖"等奖项。社会兼职方面，担任上海欧美同学会副会长以及上海金融仲裁法庭的仲裁员。

访谈整理人：王言言

考入上海对外贸易学院

我 1980 年考入了上海对外贸易学院（2013 年更名为上海对外经贸大学）。在此之前，我是上海外贸系统下一个皮张厂的工人。由于时代的原因，我在中学毕业后被分配去了工厂技校。恢复高考后，除应届高中生外，所有想考大学的人都需要单位批准，并要持单位介绍信才能报考。按照当时的规定我只能报考外贸系统内的大学，所以上海对外贸易学院就成了我的选择。因为"文革"十年没有高等学校招考了，积压了很多的年轻人，加上当年的应届高中毕业生，所以其竞争的激烈程度可想而知，基本上是十多个人当中才能有一个大学生。当时工厂虽然同意我参加高考，但条件是不能耽误工作，当年的生产指标也必须完成。为了珍惜这来之不易的机会，我把所有点点滴滴的时间都利用上了，每天下班后就赶去夜校补习，上下班的公交车上也是复习的时间，周日（那时周末只有一天）当然更是废寝忘食。就这样，我考上了大学。我是幸运的。

当时正值改革开放初期，商品外贸先行，进出口贸易进入了一个蓬勃发展的时期。上海对外贸易学院的恢复也是顺应了时代的需要。那时候中国所有的商品进出口都是由专业的进出口公司承担，一般的生产企业不能自行开展外贸业务。在这样的经济体制下，上海对外贸易学院的主要任务是为这些进出口公司培养和输送合格的人才，相应的教学内容主要就是外语、对外贸易实务以及相关的商业法律知识。我应该是学校恢复后的第三届学生，当时整个教学师资队伍、学生宿舍和教学设备都还在重建中，学校只有三个系：经济系、外语系和经济法系。但当时学校的学习气氛却是非常浓厚，学生们都争分夺秒，不愿浪费一分一秒的时间。学校到处书声朗朗，清晨和夜晚的操场上随处可见背诵外语单词和课文的人。我记得当时学生宿舍和教学楼好像是晚上10点半都熄灯了，就会有很多同学去不熄灯的厕所继续学习。这种争分夺秒努力学习的气氛源自大家内心的一种动力，国家改革开放和经济发展需要有现代化知识和对外交流能力的人才，尤其是历届生，一方面他们无比珍惜这来之不易的学习机会，另一方面也是要奋起直追，追回被浪费的年华。那时候我们外贸学院的老师当中有很多是来自外贸进出口公司的高级经理，非常有实践经验，他们当中有的在"文革"前就是外贸公司里的高级管理人员，他们把实践性的教学模式带到了学校，特别是案例教学非常有针对性和吸引力。比如，我的老师周秉成教授，他原来就是公司里的高级职员，他在课堂上给我们做了大量的案例教学和分析，对我们的影响非常大，也让我们在课堂上就感受到了商场如战场的气氛；再比如我们曾经的院长王钟武教授，原来也是公司的高级经理，他的教学中也有大量自己曾经经历过的案例，这让我们感到课堂与实际工作非常的贴近，为我们今后走上工作岗位做了充分的准备。

我认为上海对外贸易学院最大的特色就是培养实践性人才。外贸学院当时是以商学为主,教学风格实践性很强,这是当时年代的一个特定的烙印。大学是一个高等学府,当然需要有理论学习,很多学校就是以理论研究为主,这是一种风格。上海对外贸易学院除了理论教学外,你会感觉到浓浓的实践的气氛,这也是一种风格。怎么形成这种风格的呢? 一是因为社会的需要,另外是因为我们相当一部分教师是从实践岗位上抽调过来的,他们很自然地把大量的实践经验糅合进教学当中,这与现代的商学院模式很相近。世界上有很多大学,像哈佛、耶鲁、哥伦比亚都有非常好的商学院,商学院的教育特点就是极其重视实践性,主要培养的是商场上的干才,而不是研究性人才。很多大公司都愿意到商学院去招聘就是看中的这点。80 年代的时候,中国还鲜有这样特色的学校,上海对外贸易学院实际上就做了这样的探索。虽然当时这种教育模式还很不成熟,但开了我国高校系统实践性教育的先河,我把它看作是我国商学院的雏形。我在离开学校多年后曾经有一段时间在学校兼职讲过课,也是以实践性教育为主,做了大量的案例分析。不管当时是有意还是无意的,贸院以实践教育为主的办学风格是非常鲜明的,而且颇有成效。

我的职业生涯

1984 年我毕业的时候留校做了老师。随着中国改革开放的深入发展,教育的对外交流也越来越多了。1986 年,联合国国际贸易中心与经贸部有个合作项目,上海对外贸易学院作为经贸部部属学校也有机会参与。当时联合国在上海和广州分别举办了三个月的培训班,各地的年轻教师由学校推荐去参加学习,结束后统一参加考试,然后由联合国国际贸易中心与学校共同选拔一些学员去国外继续深造。我有幸被学校推荐去参加了学习和考试，最终被选上去了荷兰的商学院就读工商管理硕士（MBA）。毕业后回到母校继续任教，开设了公司金融业务的课程。

1990年中国更加开放了，经济迅猛发展。作为一个年轻人也按捺不住跃跃欲试的心情，离开学校"下海"了。我首先加入一个中外合资的公司，上海庄臣。刚进庄臣公司的时候，我被安排到每个部门去实习一段时间，从市场部开始，到销售部，再到计划财务部。结束实习后，我开始负责公司商业整体运作资料，涉及营销预测、市场分析、营销业绩、生产计划和资金安排等。随着公司业务的发展，我对公司的整体运作也越来越熟悉了，开始渴求更大的挑战。

1992年适逢荷兰银行要在上海设立办事处，在朋友的推荐下我进入了荷兰银行上海分行。荷兰银行也是改革开放后最早进入中国的外资银行之一。这是我第一次进入银行业，当时我对银行知识毫无了解，但我想要尝试新的东西。

进入银行后，银行把在外滩筹建荷兰银行上海分行的任务交给了我。从选址、装修、招聘到培训员工，所有的基础工作我全部承担了下来。经过一年多的辛苦工作，荷兰银行上海分行在其老上海时期的原址顺利开业。分行成立后，我们牵头组织了1949年之后的第一个由外国银行牵头的银团贷款——上海外高桥电厂贷款项目。渐渐地我从银行工作中得到了乐趣，之后我被先后派往了荷兰银行香港和新加坡分行工作。

1998年，我再次回到上海，加入了花旗银行，出任花旗银行上海分行副行长。当时的浦东只有两幢楼，招商大厦和船舶大厦。现在的浦东已是高楼林立了，浦东开发开放30年，我经历了四分之三，可以说是日新月异！

在荷兰银行上海分行工作

当年我参与牵头组织完成了上海通用汽车高达 10 亿美元的国际银团融资,该项目当时被称为"上海 1 号工程",借此上海通用汽车项目得以成功落沪并建成投产。这个阶段,外资银行的作用主要是为中国的大型项目提供融资。

我把外资银行进入中国之后的发展分为三个阶段:2001 年中国加入 WTO 之前为第一阶段,主要就是提供融资阶段。之后便进入第二阶段,加入 WTO 以后,中国更加开放,外资银行开始全面开展商业银行业务,同时中国的企业开始走向国际,外资银行的投行业务也随之而来。我也亲历了很多这类大型的项目,例如中国历史上第一个人民币银团贷款——上海港集装箱股份有限公司 10 亿人民币银团贷款、中石油收购哈萨克斯坦石油 41 亿美元的融资项目、第一个为中资银行引入外资股权——花旗银行投资浦东发展银行股权、中石油发行 30 亿美元全球企业债等。此外,我还有幸参与并见证了电子银行、网上银行等一系列新兴金融产品被引入中国并得到迅猛的发展。2008 年以后就到了第三阶段,那时由于金融

参加花旗银行上海分行开业典礼留念

危机的爆发，各国的本土经济开始不景气，在中国的外资银行也出现了一个低潮和再整合的过程。我自己感觉这个过程到今天还没有结束。我在花旗银行工作的十几年是中国改革开放最重要的时期，也是银行业发展最快的时期。在这期间，我的职业生涯也是发展最好的时期，每一个个人的发展都是伴随着时代的发展。在我离开花旗银行的时候，已任花旗（中国）有限公司总裁。

2010 年 10 月，我加入了美银美林，任美国银行中国区总裁同时兼任全球投资和企业银行中国区联席总裁。美银美林是我银行生涯的另一段不同的经历和历练，在我主持美银美林中国期间，着重将商业银行业务与投资银行业务融合到一起，为不断发展壮大的中国的国营企业和民营企业走向国际资本市场提供了一体化综合的服务，取得了很多成功的经验和成果。

2015 年 1 月，我被邀请加入了澳大利亚和新西兰银行（简称澳新银行）中国有限公司，负责大中国区业务，包括香港特别行政区、中国台湾地区

主持美银美林期间造访银监总会

和中国大陆,担任澳新银行大中华区总裁、澳新中国行长兼首席执行官,管理的区域更加国际化了。我加入澳新银行的那一年正是中国经济发展的一个转折点:中国第一次成为资本净输出国,一年大约输出 1430 亿美元,列世界第二(美国第一)。通过研究,我发现中国输出的资本 70％以上是流向亚太地区的,其中包括澳大利亚和新西兰。澳新银行作为一个区域性银行,在亚太地区几乎每一个国家都有它的分支机构,同时它又是澳大利亚最大的银行之一。鉴于这样的研究和分析,我很快提出了帮助中国企业走向亚太的经营战略,让澳新银行成为了他们的主要合作伙伴之一。为了把中国大陆、香港特别行政区和中国台湾的业务联动起来,我一上任就频繁地以各种形式跟员工们沟通,到各个分行与员工座谈,努力使银行上下迅速达成共识。经过这些年的努力,我形成了自己需要的组织、团队、文化和执行力。我们每年都超额完成任务,业绩持续增长。在 2018 年和 2019 年格林威治咨询公司企业银行调查中,澳新银行(中国)有限公司在"整体客户关系质量指数"中排名第一。这也是客户对于我们银行的信任和肯定。

寄 语 母 校

万丈高楼平地起。上海对外贸易学院培养了我，为我以后的工作和发展打下了基础。没有在外贸学院学习和工作的这些年，也不会有今天的我。我在商业领域的很多基础知识都是学校的老师传授给我的，同时通过自己不断的学习，实践和总结经验，逐步发扬光大，因此母校的教育对我是非常重要的。

上海对外经贸大学是商学院教育的先行者，也是商学院实践性教育的践行者。我认为这条路是对的。在学校发展的过程中有过很多反复和争论，我们是不是应该变成一个学术性的学校？还是坚持一个实践性的学校？我认为理论和学术是重要的，不能忽视，但实践性的教学，也是一个正确的方向。我希望上海对外经贸大学在加强理论学术教育的同时，能够继续发扬光大实践性教育的特点和优势，培养实践性人才，这条路要坚持。祝愿上海对外经贸大学越办越好，培养出更多更好的有理想的、有领导力的、社会所需要的和具有国际视野的人才！

口述者:杨葆生

培养精通业务的
明白人

口述者简历:

　　杨葆生,1925 年生于江苏淮阴(现淮安市),1983 年 4 月到上海对外贸易学院工作,其间,任教务处处长和院长助理,负责教务行政领导工作,参与教改实践。1985 年,被聘为《世界经济导报》主办对外经济贸易人才培训中心理事、副主任。1986 年 1 月离休。1986 年 9 月,任上海市高级管理人员硕士课程研修班视导员。离休后,任上海对外贸易学院关工委副会长、仙霞街道社区党课讲师团顾问。1993 年至 2010 年,任长宁区仙霞街道离休干部联谊会副会长兼秘书长。业余爱好:写诗、填词、旅游、摄影。座右铭:己欲立而立人,己欲达而达人。人生感悟:勤能补拙,动脑筋,手脚快。

访谈整理人:郑珠玲

军阀混战　生不逢时

我生于 1925 年，农历 4 月 24 日，老家在京杭大运河旁的小城江苏淮阴（现改为淮安市）。出生之日，恰逢"奉军攻城"（东北军阀张作霖部奉军攻打守城的五省联军孙传芳部队），城门紧闭，当时接生的医院在东门外，我家在南门内，临盆足月，刻不容缓，情急之下临时改请接生婆助产，所幸老小平安，虚惊一场，小时候常听祖母、母亲谈起这一幕，"生不逢时"这句话就牢记心间。

不过，现在我觉得我是既"生不逢时"又"生得逢时"。辛亥革命推翻了清朝封建统治，建立了民国，我生于民国军阀混战时期。但是，一战期间，世界上出现了第一个社会主义国家苏联，给我们送来了马克思主义。巴黎和会期间，战败国德国应该归还中国青岛的权益判给了日本，引起全民抗议。1919 年 5 月 4 日爆发了五四爱国运动。此后不久，中国共产党在上海诞生，中国人民有了主心骨。时代在前进，波澜壮阔的一路走来，又怎能说是"生不逢时"呢？

扣好扣子　第一粒起

原来的淮阴县城很小,南北仅一里许,东西稍长亦不过三里左右,真乃弹丸之地。从运河大闸口经繁华的花街,入东门,顺东门大街数百步向南便是空心街,这里有条小巷叫影壁巷,二号便是我家老宅。宅门朝西共有 17 间屋。我祖父兄弟二人原学裁缝手艺,因躲避太平天国战乱,从南边迁徙到苏北经商致富,置有上述房产,还曾拥有好几处店铺。到我父亲这辈,因战乱、人口增加等变卖房产、盘出店铺,靠小本经营糊口。所以童年时期,一方面有过比较优裕的生活,另一方面也常看到祖母、母亲泪流满面地把积攒的金银变卖的景象。家道中落是一本生动的教材。

母亲读过书但文化不高,为人能干而极富同情心,她把希望寄托在我身上。祖母出身书香人家,自祖父去世后,便将当家理财诸事交付给我母亲,终日看书、消遣,并主动担负起育孙、课孙之责。自三岁起,我即睡在祖母床侧。祖母对我起居生活和训练都很严格,站要有站相,换下的衣服折叠好摆放整齐等等。识字念书要求就更认真,五岁的时候,还专门送我到陈老夫子私塾馆接受启蒙教育。从《三字经》"人之初"、《民国小学课本》第一册"人手足刀尺"学起,还读了些《四书》中的精辟语录,许多课文是需要背诵的。如果背不出或是背错了,是要挨罚的啊!私塾读了大概不到两年,我就插班入县立袁江小学读三年级。

我读小学的时候,老师多为中师毕业,或是有经验又经过培训的"老先生",传道授业,训练礼仪规矩。在老师的帮助下,高年级同学还办了个油印刊物《萌芽集》,将同学优秀作文选印成册,激发了同学们读书写作的热情和习惯。学校在每周一的第一节课叫"纪念周"。悬挂孙中山遗像,就由校长、主任在全校大会上讲话。讲些什么都是有针对性的,例如结合"五卅"等国耻纪念日讲爱国,结合时令、节气讲卫生知识或习惯养成,结合城内、校外发生的事例讲遵纪守法、团结友爱,等等。每个学期、每月、每周都会选一个中心题目讲点道理,学点知识,还要联系学校或班级内实际采取些行动或搞点活动。校门口"学做人"的醒目校训,在幼小心灵中留下深刻印象。袁江小学还很重视体育,同学中有不少不仅爱体育锻炼还有习武精通武术的哩。

于此,我想到了2014年五四青年节习总书记在北大讲的一句话:"人生的扣子,从一开始就要扣好"。这朴素又生动的比喻,蕴含了多么深奥的人生哲理啊!2014年"六一"前夕,习总书记在北京海淀民族小学讲过一段话,他说:"这一段时间我集中强调了培育和践行社会主义核心价值观问题……今天想对小学生讲这个问题……"习总书记日理万机,百忙中对小学生的教育如此重视,可见人生的扣子,从第一粒起就要扣好是何等重要。

五年级起,我转学到省立淮阴师范附小,不久抗日战争开始,学校为免遭轰炸,改到近郊上课,要经过许多土路和小河沟,留下许多诸如捉蝌蚪、赤脚嬉水等童年趣事。

抗战烽火　书桌难寻

1937年,我在私立成志初级中学读初中。成志中学师资阵容当时是

杨葆生老师中学时期

很强的。但因战火四起,我仅读了一年左右。日寇强占我东北三省后,又将魔掌伸向华北,亡我之心,昭然若揭。正如当时各大报纸所云:"华北之大已放不下一张安静的书桌。"1937年卢沟桥事变爆发,中国全面抗战开始。这时,我正读完初中一年级。学校解散,商店关门或部分停业,人们忙于跑警报躲空袭,我随同家人到淮安宝应县一带农村投亲避难,至江苏全省沦陷,无力再逃,遂搬迁回城。此时,家中、店内已被抢劫一空。学校早已解散,无处上学,还要帮父母恢复一点小本经营以维持一家生计,只有在下午歇业后和晚间,才能自习功课,另外还请了歇业在家的老师做些讲解辅导,补习功课,约一年有余。

1940年县城内招生,我考进苏北第三师范(后改为淮阴师范)读了三年,于1943年毕业,分配到省立模范小学任教员。当时,政府规定所有中师毕业生都要服务小学两年,才能取得报考大学的资格,所以,抗战胜利后,1946年才升入大学继续读书。人生十四五岁最佳的学习时光,就这样被日本侵略炮火无情的吞噬了。

在淮阴从私塾启蒙，入小学，读初中，补习自学再到进师范，断断续续，勉勉强强接受了 10 余年教育。显然，不完整，不顺利，还很不理想，但却很真实，反映了那个动乱的年代，那个破落的家庭的一些特点与特征。同时，不难看出，当时与我一样既不甘心与命运妥协，又找不到与之抗争之路的青年学子们，在彷徨中前进的苦难历程。

学运洪流，跟党前行

1945 年 8 月，日本投降，抗战结束。在堂姊和亲戚帮助支持下，我到上海国立临时大学先修班，经半年多补习、复习后，于 1946 年暑假，考入上海国立暨南大学商学院就读工商管理专业。当年想得很单纯：好好读几年书，毕业后某个好职业，帮父母重振被毁的家园。这与当时多数国人迫切希望和平安宁建设家园的想法愿望是一致的，很朴素很实惠，但政府治理下的社会与人民大众所希望所要求的却背道而驰。他们不抓经济，枉顾民生，他们横征暴敛、巧取豪夺、贪腐横行，弄得民怨沸腾。对人民翘首期盼的停止内战，政府虽勉强签约，却又频频撕毁，到处挑起战火，引起全国人民公愤。青年学子义愤填膺，高举"反饥饿、反内战、要民主、要生存"大旗。"5·20"爱国运动在全国各地兴起，洪流滚滚席卷全国，正如毛主席赞誉"成为有力的第二线"。作为先进思想主阵地之一的上海，学生运动更是轰轰烈烈。

入学的第一学期起，就发生了反对美军暴行强奸我北大女学生的斗争。第二年（1947 年），"5·20 运动"席卷全国。在上海，当时游行多是在南京路，在外滩。为防止大学生游行队伍从各个方面奔向南京路，国民党派出马队,封锁河南路一段。但万万没想到我们中有一位台湾同学,曾经当过日本兵,而且是骑兵。他懂得马的习性,走过去拍拍马背安抚一通,马儿们就把路让开了,让我们能顺利通行。暨南大学素有"东南民主堡垒"之美誉,学校内名师、校外社会名人,如郭沫若、茅盾、马寅初等经常来校演讲,老师前辈们的教诲、同辈青年们的行动热情,都使我受到深刻教育。

除了风起云涌的学生运动,暨大校内的民主斗争亦是不断。当时,学校行政由国民党反动派把持,校长李寿雍是国民党嫡系成员,学校高层不讲民主自由,坚决反对学生进行进步运动。学校高层独断专行,教职工却十分开明。教授们非常支持我们的进步斗争,每当我们有游行、抗争,都积极配合进行停课罢教,师生们一起反对学校的反动势力。在进步教师的感染下,校内的进步风气浓郁。作为学生中的代表,我参加了学生自治会竞选,被选为暨南大学最后一届学生自治会主席。

此后,我更加积极地投身学生运动,结识了一批志同道合的同学,并且我在1949年初参加了党组织。我记得那是大三的寒假,很冷,组织里有人通知我去开个会。当时我们是不好开会的,见面都少。虽然很疑惑,但是我也跟着走。从我们学校出来经过虹口公园,经过一个纺织厂,到农村里去了。弯弯曲曲走了好多小路,看到一所农民的房子。里面有几个人在,他们认识我,我不认识他们。昏暗的农房、分立的众人、空气中飘舞的尘埃,这一幕若有旁人记录,就是谍战电影中的经典镜头。经介绍,我才知道,上级批准了我的入党申请,这一天就是来举行入党仪式的。

1946年12月30日成立了"暨南大学学生抗议美军暴行委员会",并参加游行示威

迎接解放　参与接管

1949年春,我已经是预备党员了。在地下党的学联领导下,一方面,要与全体学生会干部一起做好各项护校工作;另一方面,又要按学联的部署,与复旦、同济等附近高校共同组织以北(四川路)虹(口)区各中学进步师生为主体的"人民保安队",以保障这个区域在短暂"真空"(地下市委估计在国民党军队溃逃、我军进驻期间,可能出现短暂的真空)时不被骚扰、减少损失。保安队三个总部分别设在北四川路横浜桥原戏剧学院、宝山路(西宝兴路口)的暨南大学二院和四川路底的同济大学分部。因为有了解放军的英勇战斗,又有了市委的周密部署和上海人民的大力支持,当5月25日上海西南市区已获解放,而苏州河西岸尚在炮火对峙之中时,我们暨南大学的宣传队已跳着秧歌、敲锣打鼓从住地(复兴中路1195号国立高机——暨南大学生市区临时校舍)到淮海路、南京路一带发传单(解放

145

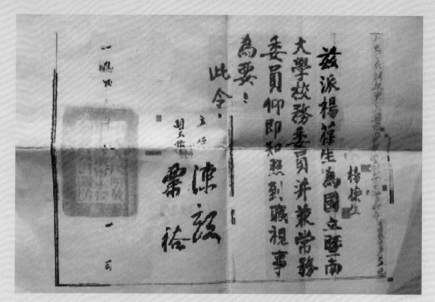

国立暨南大学校务委员并兼常务委员聘书

军布告:告上海人民书以及三大纪律等资料),进行宣传活动。5月26日,北区一解放,各处人民保安队就佩戴红袖章,井然有序地巡逻执勤、配合军管会各项接管工作。这就是为什么上海市民一觉醒来,除了看到马路边困睡着疲惫不堪的解放军战士外,什么都没察觉,上海就已旧貌换新颜的缘故吧。记得当天经过江湾路伪警备司令部门口,马路上废弃的军用品和慌忙脱下不久的军装遍地狼藉,敌军逃跑时之狼狈可以想见。我们立即返回暨大校园,把设在那里的国民党军医院完整地交给解放军,紧接着又按军管会指示,投入反对银圆贩子投机倒把、稳定市场的斗争。6月初,上海市军管会接管暨南大学,作为学生代表,我被上海市军事管制委员会任命为校务委员(常委)协助接管工作。6月下旬,我作为学生代表参加接管暨南大学,继而输送大批同学参加市政接管,参加南下服务团和西南服务团,有光荣革命传统的大学重又焕发了青春。

辗转教坛　不辍耕耘

暨南大学接管工作完成以后，市委组织部通知我到市郊工委报到，我被分配到了吴淞中学。于是，我投身教育工作，先后担任政治教员、教导主任和党支部书记，干了5年。第一个五年计划期间，上海造了许多工人新村，按规划，每个新村要建一两所中学以适应工人子弟入学之需，于是曹杨、天山、东昌等校如雨后春笋般新建起来。1954年暑假，我被调往浦东筹建东昌中学，一干就是5年。嗣后，1959年起，又奉调至浦东筹建上海海运学院（现为上海海事大学），我在上海海运待了5年，一直到1964年底。这时，交通部决定在上海进行半工半读两种教育制度的试点，造船、造机两个专业的全部学生及部分员工，从海运母体分裂出来，与上海船厂合办上海船舶修造学校。我进入到上海船舶修造学校，待到1972年。其间，经历了"文革"。就这样，从上海解放、建国初期到"文革"，我在普通中学、中等专业学校走了一圈。这期间虽然连续调换学校，但心情很愉快，工作也很投入。其间，有两点我是很重视的：

首先是关注劳动人民子女入学。解放初期，工人家庭一般子女较多，收入微薄，这部分家庭子女入学率不高，尤其是女孩子更少有入学机会。为此，我走访了好多工人家庭，与许多家长特别是当家母亲联系沟通，用政府减免费用等政策，从思想上帮助他们提高、沟通，从实际上解决他们的具体困难。这是一件很吃力但却很有意义的工作。半个多世纪过去了，到现在尚有几位健在的家长跟我保持着联系。

其次是注重学生德智劳美体的全面均衡发展。当时虽然没有像现在这样"升学率"的重压,但重课堂轻课外,重智育忽视其他的现象确是很普遍,而且是根深蒂固的。我的办学理念是抓课堂教学质量,更要抓整个素质教育质量,重视学生课内学习成绩的提高,更要重视学生课外活动实践能力的提高。

要做到这两点,当然很难、很吃力,作为校长、支部书记也更辛苦些,但却是很有意义、非常值得的。

1972年,我调到上海市造船公司筹备职工大学,一直到1983年,调离造船系统。在80年代改革开放的大潮中,回到我解放前学的商科专业的外贸战线,1983年4月调到上海对外贸易学院。

质量先行　做明白人

80年代,外贸事业有较大的发展,外贸学院需要干部,我经过市委组织部市外经贸委推荐,到外贸学院工作,担任院长助理和教务处处长。初入外贸学院时,觉得学校很小,师资是一个比较大的问题,人手比较少,教学的骨干也很少。学校当时只有两三位教授,师资培训是当务之急,想要在技术上过得去,还要经过很多的努力。学生人数不多,大多来自上海,生源情况较好,学生的出路也好,我们学校的外语也很实用,在外贸上实用,很多公司也很欢迎我们的学生。

从1983年到1986年,我在外贸园圃不过耕耘了短暂的几年。在学校的时候,主要是做一些师资培训,各个系都要研究一下师资,评定哪些是很好的,哪些是基本合格但是还需要进修的,哪些不适应应该要调整的。在学校里还要听课,介绍经验,像这个上大课还是小课,大班好还是小班好。同时,我们也会请一些外校的老师过来一起交流,比如北京外贸学院(现为对外经济贸易大学),我们也派人去,既"引进来"也"走出去"。

我在外贸学院虽然短暂,然而却是党的十一届三中全会以后,当时实施了沿海开放,地区经济发展战略,改革开放带给我院勃勃生机。我目睹了我院招生数虽年年增加但仍然不能满足社会的需求,录取分数逐年提高而报考者却有增无减,每年招生咨询大有应接不暇之感。一方面有"得天下英才而教育之"不亦乐乎的快慰,另一方面,又深感教改担子的沉重。院领导对教改思想上重视,工作上也抓得紧,我虽能力有限,贡献甚微,但能参与教改实践,获益匪浅,也颇有体会。

教改中,我们是把提高教学质量作为一项经常的主要工作来抓。对外经贸事业的开拓与发展,需要多方面的总体配合,而合格人才的培养诚属"软环境"建设的关键。实施对外开放,外经贸干部是要到国际上去闯荡,去与西方话语权争高下的,他们都必须是"明白人"。正像中央领导同志所言,"这里存在严重斗争,有个能否在互利条件下为我所用的问题。关键在于我们的干部必须是明白人,而不是糊涂人。"培养精通业务的明白人,无疑应是外贸院校的主要任务。1978年复校之后,学校又面临新局面,既有数量上发展的任务,又有质量上提高的要求,百废待兴,在千头万绪的工作中,把提高教学质量作为一项经常的主要工作来抓,不仅要解决要不要抓的问题,还要解决如何抓的问题。师资、教材、制度和质量是当时紧抓不放的四个方面。一是进行师资水平分析,狠抓培训与提高;二是组织教师理论联系实际,狠抓教材建设;三是不断总结经验,建立健全教学制度;四是定期进行教学质量检查,推广先进经验,调动教师积极性。

学校对于教学始终坚持质量标准，不因外界影响而动摇。正像一切事物发展总有正反两方面影响一样，对外开放既给外经贸业务（也包括外贸教育事业）的发展带来大好形势，但随着开放的深入，学校教育也不可避免地受到各种思潮的影响与干扰。我院在复校发展过程中，究竟应坚持什么样的标准，是仅仅侧重于外语能力和新老"五门"外贸学科的业务培训，还是坚持四项基本原则和德才兼备的标准？中央指出我们的外贸干部必须"有特别高的觉悟，特别严格的纪律，特别好的风气，特别高的工作效率"，我们正是遵循了这些标准，才使许多同志看清形势，才使广大同学在错综复杂的形势面前眼明心亮。

学校在当时开展了多种培训以应开放的急需。在年年面临数量上有发展，质量上要提高，为外贸事业培养合格后备干部任务也十分繁重的情况下，由于沿海开放地区的扩大，特区、经济技术开发区雨后春笋般的出现，加之工贸结合、技贸结合、"三资"企业的蓬勃兴起，社会上对外贸院校，期望甚殷。要求应援毕业生，要求教师兼课，要求供给教材，甚至希望联合办校、办系、办班的信息也纷至沓来。是只看到本身的困难，按部就班关门教改，还是急开放之所急、应社会之要求开门办学，多渠道、多形式、多层次地从培训实践中接受锻炼求得提高？我们选择了后者。在经贸部领导下，根据国家教委有关指示精神，学校不仅增办中专师资班、厂长经理班，又先后开办了夜大学、自学考试、函授等成人高等教育，还为培养复合型人才办双学位班，为友好城市办高级经理班，与组织人事等部门配合举办多期岗位、专业培训。沿海开放城市新建高校的外贸专业讲坛上，几乎都洒下了我院教师的汗水。积极开展多种形式的培训，使我院干部、教师得到锻炼。编写的大纲、教材，制定的教学计划和制度，经过各方面试用也得以逐步完善。助人也就是自助，我院为社会办学，社会力量又有力地推动我院的教改。

上述荦荦大端三个方面，即以提高教学质量作为经常性主要工作，坚持质量标准，开展多种培训为社会服务，虽然数十年过去，仍记忆犹新。

从学校到学校，从小学、中学到中专、职校再到大学，多种教育经历的实践，使我懂得一个道理，那就是教育太重要了，各个层次的教育都不可或缺。不重视不抓教育的国家（如资源丰富尽管可以成为富国），是成不了强国的。综合国力的提升，人永远是第一位的，一定要不拘一格培育人才。

1985年，我被聘任为《世界经济导报》主办的对外经济贸易人才培训中心的理事并担任副主任，主要是负责到各地去办学、做培训工作，当时到过青岛、成都。其中，有我们学校的教师，也有上海市的外贸干部，也有北京外贸的教师。根据各地的要求和课程安排相应的教师。1986年1月从外贸学院离休。

老有所为　壮心不已

离休以后，我继续配合《世界经济导报》进行外贸人才培养，配合社团（原沿海开放地区研究会）、党政机构（市委组织部干部教育处）等单位举办外经贸人才培训。后十多年，一直坚持与青年结对子，忘年交，参加学校、社区的关心下一代工作，尽自己的绵薄之力，为大学生党建，为社区中小学生假期学校等，做些力所能及的事情。

杨葆生老师(左一)与入党积极分子座谈

　　根据外贸学院关心下一代工作委员会"巩固和提高古北校区霞光热线接待室和办好松江校区党建活动室"的计划要求,2003年4月18日下午,在党委组织部的安排下,我们担任学生党建指导组工作的8位离退休老同志,兴致勃勃地来到松江校区。一到党建活动室,大家顾不得车途劳累,随即分成4个小组,分别与等候在那里的经贸、外语、金融、法学院的近40位要求入党的积极分子座谈交流了起来。由于当天下午,只有少数同学没有选课,有的是前两节有课,另一些则后两节有课,所以座谈的人员很不稳定,没课的始终参加,有课的中间还要走出走进,各组情况不尽一样,但同学们的问题一个接着一个,认真热烈。老同志则以亲身感受,直抒胸臆,朝霞与晚霞对话形成了一道绚丽的党建风景线。

　　通过这次活动,大家共同的感受是:首先,老同志与青年积极分子交流入党问题,特别受到欢迎。在新校区尤其明显。同学们说这里清一色小青年,不要说两鬓斑白的老者,就是中年教师在课后也是少见的,何况又是老党员来对入党问题解释疑惑。其次,老同志不是空谈大道理,而是

上海对外贸易学院离休干部合影中排第四、五（戴墨镜）为杨葆生夫妇

结合自身的经历与经验,谈端正入党动机,谈坚定共产主义信念,具有较强的说服力,也容易为青年所接受。还有,座谈交流中同学们也会提出不是党建工作的一些问题,例如一年级新生共同存在的,适应大学学习的问题,对专业的认识问题等。这些虽然不在党建的范畴,但亦可了解情况,提供有关部门参考。4 月底,关心下一代工作委员会专门召开了一次会议,决定在 6 月下旬再举行一次这样的党建活动,时间上将按照松江校区上课的情况,调整为下午 5 时至 8 时,便于与会者都能安心参加。古北校区的霞光热线接待室,也决定从五一长假后,每个星期五下午 1 时至 5 时经常开放,接待同学。

离休之后,我也仍然十分关心党的教育事业的发展,退而不休,希望能继续发挥余热,便投入关心下一代工作。1999 年至 2003 年期间,我多次被评为上海市教育系统和上海对外经贸大学"关心下一代"工作先进个人。

思政课上,绽放光彩

古人云:"得天下英才而教育之,一乐也。"小平同志也曾语重心长地讲过"最大的失误是没抓教育"。古圣今贤对教育重要性的理解和阐述,何等深刻与精辟!今天我们教书育人,为建造中国特色社会主义巍峨大厦,添一块砖,加一片瓦;为铺筑中国特色社会主义康庄大道,修一段路,搭一座桥,不是一件最大的乐事吗?

习近平总书记十分重视大中小学的思政教育,从各方面关心青年学生的培养,特别是高等学校学生的培养。今逢校庆60周年,作为教育战线上的老兵,寄语关心下一代的同志们,作仿词一首。

一剪梅·关爱
——献给关心下一代同志们

外经贸校传统在

大爱胸怀

关心下代

大学城中健步迈

发扬特色

继往开来

外贸专业面对外

爱国敬业

兼被德才

核心价值传帮带

思政课堂

绽放光彩

2016 年 1 月写 2020 年 5 月改

口述者:赵宏明

航海梯山,
我在外贸学院的 34 年

口述者简历:

赵宏明,中共党员,祖籍山西,1956 年 1 月出生于河南郑州。1965 年 9 月至 1974 年 7 月就读于南京外国语学校英语班,1974 年 12 月至 1978 年 2 月在南京市红卫林场工作,1978 年 2 月考入北京对外贸易学院一系外贸英语专业,1982 年 1 月毕业,获经济学学士学位,1982 年 2 月分配至上海对外贸易学院,先后在外语系、经济系、经法系及法学院任教,1993 年 6 月加入中国共产党,2001 年 4 月至 2012 年 12 月任校工会常务副主席,2011 年 9 月兼任后勤综合部门党总支书记,2013 年 12 月调任古北校区联合党总支书记,其间 2014 年 4 月至 10 月兼任古北校区办公室主任,2016 年 1 月退休。

访谈整理人:张晓晴

考取南外,结缘英语

我 1956 年 1 月 14 日出生于河南郑州,籍贯是山西。幼年随父母居住北京,1960 年因父亲工作调动举家迁居南京。我是 1963 年 9 月读的小学,当时读的是我父亲所在单位的一所子弟学校。1965 年上半年,小学二年级下半学期,学校推荐我报考了当时的南京外国语学校,很幸运被录取。所以从 1965 年 9 月起,我进入南京外国语学校英语班学习后,初中高中一直在这个学校,直至 1974 年高中毕业。

1974 年 12 月高中毕业以后,按照当时的知青上山下乡政策,我们班的同学除了符合留城条件的以外,其他 20 多个同学一起到了南京郊区的一个国营林场——红卫林场,在那里我前后待了差不多有三年到四年。1977 年 10 月全国恢复高考,我参加了,并有幸被北京对外贸易学院录取。至于为什么报考外贸英语专业,因为就像刚才说的,我在这之前从小学三年级到高中二年级,前后读了九年英语,所以英语比起其他学校的毕业生要有优势,报考英语专业把握比较大,这是一个原因。第二个原因,我在外语学校的一些同学、校友在这之前曾作为工农兵学员考入了北京对外贸易学院。

听他们介绍,所以对这个学校印象不错,就作为了第一志愿,结果被录取。

我入学以后才知道,北京对外贸易学院当时一共四个系,它的四个系就是用一系、二系、三系、四系命名的。一系是外贸英语专业,二系是除了英语以外的其他九个外语语种,三系是外贸系,四系是海关系。1977年恢复高考时只有外贸英语系招生,其他三个系都没有招生,所以我们也没有别的选择,就报了外贸英语系,其他三个系是1978年夏季才恢复招生的。

1982年1月,我从北京对外贸易学院毕业。当时高校毕业生毕业后的去向是国家统一分配,不能自己完全选择的。但是学校还是留有一定的余地。我记得在毕业之前,学校把当时用人的地方和单位都公布出来了,大家可以填志愿。大部分去向是在北京的外贸部各总公司,其他省市名额很少。我填的志愿一个是北京,一个是南京,但是这两个志愿都没有被满足,我和另外三位同学一起被分到上海对外贸易学院。由于当初外贸学院处于刚刚复校阶段,缺乏师资,当时的北京对外贸易学院和上海对外贸易学院都归属外贸部领导,毕业生的分配也是由他们负责,经过外贸部的派遣,我们四位同学就来到了上海对外贸易学院。

入职外贸,涉足法律

我是1982年的2月份到上海对外贸易学院报到的,地点就是现在的古北路校区,当时的主要建筑现在还在,现在教学楼是当时就有的,还有行政楼,只不过现在这两栋楼都翻新过。当时就一栋教学楼,一栋办公楼。现在的行政楼,当时学校的机关、校领导,还有教学部门都在那一栋办公楼里。当时还有一个四号楼是女生宿舍楼,还有一个九号楼是男生宿舍楼，现在都拆了。当时还没有电教馆，那是 80 年代后期盖的。

入职之初的外贸学院一共只有两个系。一个是外语系，一个是经济系，外语系一共三个专业，英语、法语、日语。经济系就一个专业，外贸经济专业。但是它的教研室比较多，所以外贸老五门是进出口业务，包括国际贸易、国际金融、国际商法、中国对外贸易概论等等。

关于当时的招生情况，我记得外语系的英语专业每年级招两个班，每个班 20 个人。法语和日语专业，每个年级只招一个班，经济系每个年级招三个班，每个班也是 20 个人。1978 年复校首次招生仅经济系就招了 8 个班，以后在相当长的一段时间内，招生规模基本上都是这样。

1982 年 2 月，我来上海对外贸易学院报到时被分配在外语系。根据当时的规定，高校教师一般不坐班，但是新来的老师第一个学期要坐班，所以外语系把我安排在外语系的资料室办公，具体的工作是跟着几位老教师编写英语教材，有时候也帮他们批改一些作业。从第二个学期开始，也就是 1982 年的 9 月，学校就安排我到外语系的基础英语教研室，开始为 1982 年 9 月入学的两个英语班的同学开设英语听力课和口语课，每个班每周两节，一共四节课。

当时我感觉新招收的学生的英语水平英语能力相差很大，有很好的，也有很一般的。教师的情况我了解不多，据我当时接触的一些教师，有些是 1978 年复校后从上海外国语学院返回的一部分老师，还有从全国各地的高校调过来的一部分老师，还有一些在社会上招聘的老师，但是我了解的不全面，只是大概知道一些。

大概在 1983 年的上半年，当时的司法部委托上海对外贸易学院为全国办一次涉外经济律师培训班。学校负责这项工作的是裘劭恒副院长。

我听到这个消息以后，很想扩充自己的专业知识，就去找裘老，当时年轻老师见校领导也很方便。我跟裘老做了自我介绍，表示想利用业余时间去旁听这个涉外经济律师培训班，裘老对青年教师非常关心，也注重培养。他就对我说："如果你真的感兴趣，想学就认真学、全力学，外语系的课就停下来，全力去听。"后来裘老就和外语系的领导打了招呼，从1983年开始没有再安排我的外语课，我就作为一个学员全程参加了涉外经济律师培训班。培训班当时请了上海、北京各个领域最好的老师来上课，上课内容全是精华。这个班前后两个学期，共一年。学完以后在裘老的安排下，我和另外一位老师一起到了北京的中国贸促会法律部实习了三个月。实习回来以后，我的人事关系就从外语系正式调到了经济系的国际商法教研室，那时候还没有国际经济法系，还是国际商法教研室。

在1984年，经法系从经济系独立出来的同时，学校还成立了企管系，也是从经济系独立出来的。另外还成立了一个合作系，那是在学校当时的干部培训部的基础上发展起来的。我记得经法系成立之初教师很少，领导和教师一共大概十个人左右，但是发展很快。1987年我从国外回来的时候第一次全系开会，很多老师都不认得，几乎是翻倍，都是1985年、1986年这两年从其他高校引进的毕业生和老师。法学院成立以后，发展进入了快车道，从招生人数到专业数量的增加，师资队伍的成长，师资队伍的水平普遍提高，开始出现了博士生。

大概是从1983年的下半年开始，学校开始筹办国际经济法系，就是在国际商法教研室的基础上筹备国际经法系，我记得是1984年正式挂牌成立，所以经法系招的第一批本科生是1984年9月，当时是两个班。在这期间，司法部又继续委托上海对外贸易学院举办第二期涉外经济律师培训班。裘老就把这个具体的安排交给了国际经济法系,这个培训班法律的课程还是请了各方面的专家和知名的教授。但是这批学员当中,有些英语水平不够高,学校考虑到我有一些英语背景,所以就安排我给这期的法律培训班上英语课。

关于经法系还有一件事值得提一下,就是经法系是当时全校最先招硕士研究生的。几乎是和经法系的本科生同步招收了硕士研究生,只不过当时用的是北京对外贸易学院的授予权,但是是在上海对外贸易学院经法系培养的。

远渡重洋,海外进修

1985 年的 9 月,经过经法系领导的安排,学校同意美国亚洲基金会资助我作为访问学者到美国加州大学伯克利法学院进修一年。当时进修的环境还是比较宽松的,也没有什么具体的任务,就是根据个人的爱好以及学校今后可能的需要挑选一些感兴趣的课程,在那里跟着一起听。当时伯克利法学院有一位美国教授,他负责联系当时在法学院进修的其他的中国学者。我记得大概有五六位,有上海去的,北京去的,但是活动不是很多。

在听课的同时,美国教授还组织我们几个中国学者和一些对中国法律感兴趣的美国教授、美国学生在一块儿座谈,向他们介绍中国的法律情况。在这期间,有一位北大的学者,他介绍我到旧金山一家律师事务所,做法律研究助理,到那里帮他们收集整理中国的法制情况。前后也有三个月,这个是利用业余时间。

1986 年的 9 月,我在伯克利法学院的访问学者工作结束以后,经过学校同意,我又联系了一家旧金山的律师事务所,在那里又继续实习了四个月,到1987年的1月回国。

回国以后,经法系的领导就正式安排我上课。当时上课有两种情况,当时的领导提倡用英语教学,我有一定的基础,所以领导就安排我给经法系专业的同学开法律课程,全英文授课。同时我还有一门课,在外贸学院其他各专业的学生当中有一门公共课叫国际商法,这门课是用汉语开设的。

任职工会,功成身退

我是2001年的4月到工会任职,一直到2012年的12月离开工会,时间挺长的,中间也经历了一次换届连任。对工会工作事后有些感觉,也就是自我总结。一个是工会工作要找准工会的定位,在学校工作当中,要围绕学校的中心工作。用工会的术语来说,就是到位不越位,帮忙不添乱,不要干扰学校的中心工作,也不能为了开展活动而开展活动,不要自成体系,要服从学校的大局。第二,开展工会工作和活动要注意和其他部门配合或者联合。比如说开展教职工体育活动,就要和体育部合作,一些文艺活动要和宣传部合作。在校期间我记得还和保卫处合作,每年119的消防知识竞赛和演练也是两家合作的,大家反映也很好。

在工会工作期间,为了调动各部门工会的积极性,调动大家的积极性,我们通过一定的方式,把各部门工会还有部门职工参加工会活动转换为积分。通过积分给予奖励,然后校工会返还给部门工会一定的经费,这样就是鼓励了部门工会,他们参加活动越多,取得的成绩越好,从校工会获得的拨款也就越多。

赵宏明老师参加第五届教代会暨第六届工代会第三次会议

　　新校训的征集是在宣传部的组织下进行的,工会也是利用自己的组织系统,通过各部门工会组织教职工会员,积极参加这个新校训的征集。然后征集出来以后宣传部反馈,把征求提出的校训初稿反馈给各个部门。工会多次反复的讨论,最后是由宣传部统一制定的,这项工作是宣传部组织工会配合的。

　　2012年12月以后离开工会以后,我全职担任后勤联合总支的书记,主要是负责后勤处信息技术中心,还有卫生所的党务工作。这段时间都是在党委的统一领导下,安排组织各项党务工作。

　　我是2016年的1月满60岁后退休的,退休以后主要就是参加退休党员定期的活动,除此之外,没有参加别的一些活动。因为我退休以后我夫人也是退休的,所以我们两个人有时候要出去走走,不一定都待在上海。我每年还要回南京看望陪伴高龄父母,所以除了退休党员的活动以外,学校组织的其他的活动我并没怎么参加。

　　从1982年2月到上海对外贸易学院工作到2016年1月退休前后整

整34年,这中间的经历对我个人来说是两个阶段,前一个阶段是不坐班的,作为教师的生活工作方式,后一个部分后一个阶段是要坐班的,作为管理人员的工作生活方式,各种滋味儿都不太相同,我都体会到了,也很幸运。

学校更名大学这件事,当时,应该说全校各部门全体的老师都是积极参与,印象深刻。同时,在这之前的迎接教育部本科评估也是举校动员,也是印象深刻。

从外贸学院的发展过程,我觉得当中有两点有着很重要的意义,一个是学校从招收本科生到招收硕士研究生,这是一个跨越飞跃;第二就是在松江建立新校区,大大地增加了办学的空间,也为学校进一步的发展做好了准备。所以这两件事我觉得是有重要意义的。

在庆祝学校建校60周年之际,我祝愿学校能够越办越好,越办越强。办好办强的标志就是我们的毕业生,我们的校友,我们的老师能够取得好的成就,被社会、被同行认可的成就。

口述人:张　杰

从艰难走向
辉煌的贸院

口述者简历:

张杰,中共党员,1929年出生于山东临城。1943年参加革命抗战,1944年入党。1949年随部队入上海。先后在财经部门、税务局、上海食品公司、上海烟酒糖公司、上海五金机械公司、上海药材公司任职。1984年2月至1985年5月任上海对外贸易学院副院长。后离休至今,平日爱好花草,运动,养鸟,一生坚持看书看报。人生格言:坚定不渝始终跟党走。

访谈整理人:丁千钧

投身革命,荣立军功

我是 1929 年出生,属蛇,按山东人的老讲法也就是属小龙的,今年已经 92 岁了。老家在山东临城县,在鲁西南地区,靠近微山湖,解放以后改成了微山县,电影《铁道游击队》就是拍摄那里的故事。

抗战时期,地方上分成三种区域,一种叫解放区,就是八路军或者新四军控制的地区,地方政权全部掌握在我们手上的;一种叫游击区,这是抗日力量、敌人和伪军都可以活动的地区,所谓"打游击",指的就是这种地区;最后一种是敌占区,敌占区是全部被敌人控制的,从基层政权到地方政府全部是控制在敌人手里。其中,游击区也可以称为"灰色区",中间既有我们共产党的力量,也有敌人的力量。过去电影里面讲到的"两面保长",他们既应付共产党,也应付日本鬼子和伪军,总体上还算是倾向于人民大众的。1943 年时,微山湖地区就是包括敌占区和游击区两部分。我是 1943 年参加革命,1944 年入党,那个时候大概才 15 岁。我们当时参加八路军,就是应征参加游击队,过去的游击队有各种各样的称呼,以我参加的游击队来说,就是微山湖游击队。

　　参加游击队并不一定全部都要打仗,也有武装工作队。武装工作队的主要任务便是发动群众,组织群众,教育群众,宣传群众;号召群众起来抗日,参加八路军;抵制敌人的政策,破坏敌人的一切措施。在战时,我们就发动群众破坏敌人的桥梁,拆毁敌人的公路,锯掉敌人的电线杆;平常,我们就要宣传党的政策,号召群众抵抗包括地主、保长、甲长、伪军和日本人在内的各种反动势力,宣传和教育群众不要受压迫,不要受剥削,起来要反抗。我们游击队的人是很分散的,都是三五人,最多不能超过十个人活动,活动的时间大部分是在晚上,白天往往我们都要找地方躲藏起来,不像现在电视上演的那种扛着枪、穿军装那种现象,我们一切的行动就像普通老百姓一样。

　　我们在地方工作,最先找的就是基本群众。基本群众在农村来讲是贫农、贫下中农和雇工。特别是雇工,他们给地主当过佣人,给地主出卖过劳动力的,往往没土地、没房子,全靠劳动力吃饭,他们在农村的旧社会受压迫最深。所以我们就先找这些人来做工作,跟他们联系,他们也就是积极分子或者基本群众,到晚上时就找他们出来找地方开小会,通过他们再联系一些基层群众,有贫农和贫下中农。贫农和贫下中农没有土地或者拥有很少土地,专门为地主干活,这些人是劳动人民中最基层的,通过他们,我们这样一步一步把群众联系起来。晚上,我们会在某些地方集中起来,给基本群众做宣传做工作,有时可以教他们唱一些革命歌曲,给他们讲一些革命故事。那时候的基本群众有各种形式,有各种社会力量,当时我们都要把他们动员起来,通过他们的活动宣传抗日,这是游击队和武工队的主要工作。除此之外的工作,就是做锄奸工作,对象是那些专门为日本人干事情,极端欺压老百姓,身负血债的人,这些我们都要把他清除。

当时没有判刑，是因为过去没有这套东西，在那种特殊环境之下，如果经过群众反映确定了就是压迫老百姓，而且有人命、血债这些东西，就要清除。我那时候还是小孩，年纪轻，在锄奸时就干些放哨之类的工作。

1945 年日本投降，我们游击队就跟随大部队进城市，大部队除了部队任务以外，还有就是发动基本群众，建立新的政权，组织村长、区长建立政权。但到 1946 年，国民党撕毁《双十协定》，对山东大举进攻，现在的电视剧《红日》拍的就是这个。当时国民党集中了 50 万兵力进攻山东，我们这些游击队就转到地方部队，本来一个个的游击队，集中起来变成排、连、营、团，一个县称为一个团，一个区称为一个营，这样把人集中起来，开始帮助正规军作战。一直到 1949 年我南下前，一直跟着部队在山东转来转去，打来打去，那几年是确实非常艰苦的。老实讲，过去打仗不是像你们在电视上看的那种打仗，打仗不是小孩玩，由于一开始我们的武器比人家差，全靠我们的英勇，靠我们战士的牺牲，那是很残酷的。当时和我一块从家乡出来的 7 位同志，到南下的时候就只剩下我一个。

在山东参加革命时，我立过两个三等功，一个二等功。那时候评军功，是根据自己的表现，不一定是打死了多少敌人。比方说我们驻扎在很艰难的地方，对老百姓很关心，帮助人家打扫卫生，帮助人家做事情，或者在打仗时勇敢冲在前边，这都是可以的。毛主席曾经讲过，我们"既是战斗队，也是宣传队，还是工作队"，所以我们过去跑到一个地方，首先是帮助贫困农民，要帮助他们打扫卫生，挑水洗衣服，帮他们修房子。

山东的部分地区是相当苦的，打一桶水都很困难。我们那时驻扎的地方，老百姓吃水要跑到 20 多公里之外才有井水，每天早上四五点钟起来，先去 20 公里以外把水弄过来。我们知道这个情况之后，三四点钟爬起来就帮老百姓去挑水,二十来公里,也就是四十多华里,要跑两三个小时。正因为如此,老百姓才相信和支持咱们的队伍。

随军南下,入职财经系统

1949年时,我们就随部队南下。当时我们是南下工作队,是干部队伍,属于完全的军事编制,归第三野战军管辖。当时第三野战军的领导人是陈毅,他是上海市军管会主任,后来的上海市市长,他带领第三野战军打到哪里,我们就跟随部队到哪里,所以一直是靠两只脚走。

走到无锡时,我们进行休整,准备进城的事情。这进城不是那么简单的,因为我们过去没接触大城市的经验。虽然东北先解放,我们有过接受大城市管理的经验,但是北方的城市跟南方的城市不一样,特别像上海这座大城市,是中央特别重视的,所以我们在进上海之前一个月,就在无锡乡下进行休整和学习。

当时没有什么电视、电影,什么都没有,全部是靠嘴巴讲的,靠上大课和开大会。我们当时主要有两本书,是上海地下党编的,一本叫《上海概况》,一本叫《城市常识》。《上海概况》里面涵盖了上海的工农商学,包括上海的大资本家是谁,商铺有多少,马路有多少,有名气的人是谁,有什么样的帮派,城市有多大,四周有什么,讲得很清楚。我们这些人,老实讲是农村出来的,农村里电灯电话什么都没有,连自行车都没有的,所以《城市常识》就具体到走路靠哪边走,电车分几等……比如说乘电车,当时的有轨电车是分两节,前面一节叫头等,第二节叫三等,它没有二等,从头等车厢一上去,一张票是四分钱,你进到三等车厢里边是三分钱,《城市常识》交代得特别具体。还有进入到城市里边，看到人们怎么称呼，像我们解放军一般都是称"同志"，或者称老大爷、老大娘、大嫂或者大姐什么的，但到上海不能这样称，需要改称先生、太太；更细致的是书里还教会我们哪里有自来水，马桶怎么使用等等问题。

当时我们进城，反复强调不能有"我是胜利者"这个概念，我们是穷苦人民，是为全国人民服务的，到上海来也是要为人民群众服务，所以和群众的关系比较融洽。由于当时上海地下党的组织工作能力强，做了很充分的准备工作。进城以后我们就到军管会工作，军事管制委员会内有各个大学派来的学生，跟我们一块工作，尽管当时语言不通，工作效果还是很好。

我们当时就住在常德公寓附近，没有办公室和办公台，是以班排连的形式安排。一般一个班住一个房间，打地铺，一人一个背包，背包里边就是一床被子、一个被单、一只小包裹、两双鞋子、一点雨披或者油布一类东西，其他是没有的。我们在农村里一般是睡在稻草上的，到上海以后，刚开始我们就是睡在地板上。当时我进到军管会，工作主要是在财经委员会的财经部门，先后在财经部门税务局、饮食服务公司、上海食品公司、上海烟酒糖公司、上海五金机械公司、上海药材公司做过工作。

转业办学，从零开始学管理

1982年，那时我已经50多岁，进到上海对外贸易学院工作。我从82年入校，在这里工作只有三年的时间，我一直在想，我应当是在外贸学院的一个新人，是直到现在也没有毕业的一个学生。当时的外贸学院是78

年复校之后第二次重新组建的班子,上海市一共派了三位同志进来,一位是傅嘉范(担任院长),一位是担任教务处长的杨葆生同志,还有担任副院长的我。我当时主要负责行政工作,管理后勤,分管人事和招生工作。

外贸学院是属于经贸部的,原先叫外贸部,是部属学校。学校干部的任命和领导,主要是以部为主,实际由部委托上海市外贸局管理,外贸局局长可以兼外贸学院的院长和党委书记,但是外贸局的管理只起联系的作用。我们当时就是经过上海市委提议,通过外贸部任命,才来到外贸学院工作的。外贸学院在当时应该说是很小的一个学校,当时教职工也只有200多人,学生也不到600人。当时教学的地方就是现在的古北校区,当时古北路这里只有七十亩地的建筑,另外在七宝还有些生活设施。

当时,经贸部下属的北京、天津、上海、广州四个外贸学院,统一分配招生计划。我们基本上就是华东地区,而且以上海为主。每年的招生名额,部里会和上海市和教育部来协调,全部是计划,每年会有百分之十左右的名额由上海自己掌握。此外,外贸部还会单独要求在某些省单招部分学生,我们每年到招生季,就派老师到这些省去联系定下来几个学生,再经过当地考试就到上海来报到。分配也是类似的办法,基本上第一是外贸部先挑,剩下的基本上采取从哪里来到哪里去的原则,学校的任务也是按照部里计划来做学生的思想工作,基本上都是计划安排的。当时,大部分毕业生的工作去向是外贸,还有商法,除此之外还有从事金融和翻译工作,这主要是因为我们当时只有外语系、经济系、经法系和一个训练部的训练班,规模比较小。

那时候,全校的正副教授加起来也就十个人,正教授只有三位,分别是汪尧田、相重光和担任名誉院长的裘劭恒。裘劭恒教授在当时担任全国人大政法委员会的副主任，他在年轻时曾参加过东京审判，后来从上海外国语学院调到外贸学院工作。现在的上海对外经贸大学据说是有 400多位正副教授，我们当年是没办法比的。从这点上说，我们当时打好了学校的发展基础是很客气的话，学校主要还是随着咱们国家的改革开放才发展起来的。

外贸学院名义是部里边管理的，主要是靠外贸部人事局下属的教育处来分管四所外贸学院，由于人手的问题，真正管理的主要是靠地方政府。但地方教育部门并不参与对学校的管理，而是由外贸局像管理公司一样在管理学校，当时的学校老师和行政干部也多是来自外贸的各个公司，基本不是科班出身，可以说我们是做买卖的来办大学。

在来外贸学院之前，我当时是上海市食品公司党委书记，负责全市猪牛羊鸭肉蛋的供应工作；院长傅嘉范是圣约翰大学毕业，学历高，长期担任长宁区党校校长，之后调到外贸学院来做院长；负责教学管理的王钟武院长，担任系主任，也不是科班出身，他最早在外贸食品公司罐头科担任科长，负责出口工作；管党务的程远庄同志，他原来是在进出口茶叶公司担任副经理，所以我们基本上都是在原来单位做党务工作的，不是专门从事教育工作的。

做行政管理工作一切都要实打实来。当时，学生基本上都是住校的，上海本地学生一部分住校，一部分走读。学生晚上的熄灯时间都有明确规定，学生晚上会私自使用电炉，这也是不允许的，所以我们每天派人查电路。学校图书馆很小，容不下很多人，熄灯时间又很早，学生晚上下自习后都会在电线杆子旁边看书。学生的学习条件非常艰苦，我们会特别叮嘱这部分学生早点回去休息。当时还是计划经济时期，吃饭要靠粮票

在知识门前合影(右四为张杰老师)

来换饭票,食堂做饭一切都要有计划。食堂里面的大米大部分也是籼米,没有现在这么好,所以烧出来的饭并不特别受南方同学的欢迎。我就只好晚上住在这里,第二天早上到食堂,看一看饭食的软硬程度,味道是否合适。

当时做行政管理工作的老师们基本是来自虹桥。这里最初是一个生产大队,学校征用起来后,在大队原址盖房子,把大队里边的工作人员吸收进来。所以,当时管食堂的王成林管理员就是大队的党支部书记,后来成为总务处处长。我们那时候进小菜进大米,都是几个人自己拖着小车去菜场购买,一百多斤的大米都是自己扛的,再从小菜场拖进学校,不是像现在全部采买的。当时的学校,有小卖部、宿舍、托儿所,就是一个小社会,一切都要管理。我们的领导层和老师是非常敬业的,都想尽力把学校办好。虽然咱们这个学校小,这段路程也走得非常艰辛,也经历了几起几落,但办得应该说还是不错的。

张杰(右)和杨立平(原校校干部培训部主任)同志合影

多方奔走,克服困难谋建设

在当时的办学过程中,学校遇到了很多的困难。第一,是学校的办学费用的筹措比较麻烦。当时,学校的费用完全来自外贸部的拨款。经贸部拨款是根据学校的学生数量,给予教职工工资,负担学校开销的,余外的费用多用于学校设施的维修,没有什么学校发展基金,所以学校用于请专业老师的经费就少得可怜。

当年只能说是有维修,谈不上什么建设,大概是1983年的时候,学校好多地方都需要使用维修经费,经费缺口达到七万元之多,放到现在可能比七千万还值钱,这着实没有什么办法。至于请老师,改进教学的话,虽然费用不大,但学校要给人家钞票。那时候我们请老师,一位教授大概是一个课时四十块钱左右,如果请外教来当老师,费用就更多。整个经费是外贸部按计划下拨,学校有时能多争取一两个计划名额,但是费用依然很困难。记得有一年,由我们院长傅嘉范、我、总务科科长、财务科科长等五个人一起去北京,到经贸部申请经费拨款。我们五个人连住的地方都很困难,经贸部招待所有时候房满住不进去,我们只好托一个老同志的关系,住进组织部招待所,最后花上一个多礼拜的时间,才申请下来几万块钱。

请外教时,一般是请不到教授级别的教师,只能请到副教授、讲师这一级别的老师,有时还会请再差一点的。经贸部按照指标给学校经费,所以我们有时候因为请不了副教授,就请一两个讲师,有一年,学校请不到副教授和讲师了,最后只好请来一个学生教课。除此以外,在学校里维修也是比较难的,设备科长都会到第一线去维修。比如,阴沟不通了,马桶不通了。

当时的确比较困难。学校也希望通过外贸的方式能找一些外援。我记忆比较深的对外活动是当时美国旧金山市长来访问我们的学校,傅院长亲自接待,我负责接待的具体工作。当时我们新落成了一个电化教育馆,电化教育馆是从日本进口的设备,安排在梯形教室,在老师讲外语的时候,学生通过按耳机可以听得完全清楚,古北路现在还存在电化教育馆的牌子。当时,这个电教馆刚刚落成,我们会议的准备时间是非常紧张的。我们当时想布置出有中国特色的教室,就特别去南京路上朵云轩借出来两幅国画,请美术老师放大成墙壁一样大,把它装裱起来贴上去作为装饰。由于时间紧,这些东西也都是临时动脑筋想出来。尽管当时接待时间很短,只不到一天时间,但我们还是希望通过这样的活动,能对外有一个小窗口,方便大家活动联系。

2019 年获得"庆祝中华人民共和国成立 70 周年"纪念章

心系学校,关心国家发展

1985 年时,我已经 57 岁了,当时肠胃有些问题就主动申请退了下来。离休以后,我对学校还是很有感情,专门联系同时退下来的离休干部,共同建立了一个离休干部党支部。党支部一个月有两次到学校活动,这样比较能了解学校。学校的领导对我们这些退下来的同志也比较重视,一般都是一个月或者一个学期给我们通一下情况,退休的同志都很满意。我们大家对学校感情深,也比较感激学校到现在都很关心我们,所以这次口述采访我感觉也是一种对我们的关怀。对我们这些已经退下来的老同志来讲,这也是一种鼓励,因为我们离开学校这么多年了,你们还想着我们。老实讲,我们虽然是做了一些工作,这些工作跟现在的同志比较起来,那是微不足道的,现在的工作很辛苦,工作量大,掌握的信息也完全不一样,是很伤脑筋的。

从 1985 年退休下来,到 1989 年我成为离休支部书记,一直当到现在,原本是一个月两次到学校学习,给学校提供有用的建议。到 2000 年以后,基本上我们是一个月去一次学校,再往后就去不了。因为退下来时离休干部是 48 位,现在还在世只有 17 位了,有 31 位走掉了。已经离退休的同志平均年龄是 89 岁,我今年已经是 92 岁了,我们都老了。

现在我就是养老,吃饭,睡觉,吃药,再就是看看报纸和电视。我看报纸比较多,一天要看四五份报纸,一天看两三次电视,上午看一小时新闻,下午和晚上一般看看电视剧,选择感觉比较有意义的电视剧看两个小时。我看生活扶贫的电视剧比较多,特别现在讲农村改革和扶贫的片子,我很爱看。我看报纸,有时候要看看我们学校的文章,最近看到报纸上专访国际经贸学院院长黄建忠教授的文章,我很高兴。

真抓实干,祈盼美好未来

我们外贸学院是从艰辛走向辉煌,现在应当是一个辉煌的时候。当时,我们也没有想到外贸学院能发展到今天的规模,能为国家做这么大的贡献。我们学校是出过不少知名人物的,比如名誉院长裴劭恒、汪尧田、之前的院长王新奎、副院长周汉民,王新奎还曾到中南海上过课,所以我们学校对整个国家的贡献是有重要地位的。

上海对外贸易学院在高等教育这一块来讲,确实是不能缺少的。因为在整个国家建设这一块,进出口贸易成为国家的经济发展的"三驾马车",我们学校在这一方面的贡献不在于他能培养出多少领导干部,而在于他培养出一大批走向外贸、走向金融、走向商法的骨干人才。能培养出

张杰老师读文章

这样一些骨干人才,我感觉这才确实是了不起的,应当说外贸学院是做出了巨大的贡献。

我们的学校能够取得今天这样辉煌的发展,有三点原因:第一,是一直高举党的旗帜,跟随国家的政策走。党的领导这很重要,任何时候都很重要。我们学校的大学生要入党,他们的入党素质据说是比其他学校高一点的,我觉得这是很了不起的事情。第二,是因为我们实干兴校,真抓实干,扎实地去干事情,在教学上对学生的培养上很实的,不搞虚的东西。第三,是定好了自己的位置,知道我们是谁,从哪里来,要到哪里去。

未来,我希望我们的学校越办越兴旺,希望我们的学校确确实实地能办出一流出来,希望我们的学校能多出一些学者,多出一些学科带头人,我对上海对外经贸大学的未来充满信心,也祝福我们学校的各级领导、教职工和同学们健康茁壮地成长!

口述者:孙伦光

以诚挚热情献身
学校体育教育事业

口述者简历:

孙伦光,籍贯江苏阜宁,1940 年 10 月出生。2000 年 10 月退休。1985 年 6 月调至上海对外贸易学院工作,曾担任教研室主任、校工会委员、游泳池主任、仙霞街道体协秘书员。1986 年,1987 年,1990 年三次被学校记功奖励,1999 年被评为上海市教育系统工会积极分子,1999 年上海市优秀游泳池主任。在带队训练过程中,曾获得市大学生田径运动会团体总分第六名,在大学生四项素质比赛中曾获得男子组团体成绩第三名及男子组个人第一名,在全国经贸院校首届田径运动会上获二金一银。个人喜爱田径、球类运动尤以投掷项目见长。座右铭:生命不息,运动不止。适当的运动是健康的保证,而健康又是人生最大的幸福。

访谈整理人:丁千钧

上体求学,入职中学

我1940年农历9月18日生于农村的一个农民家庭,生肖龙,民盟盟员。1954年从江苏省宝山县(现宝山区)品一小学毕业,以较好的成绩考取了邻近的上海市吴淞中学,初、高中都是在吴淞中学度过的。

由于在投掷方面的特长,1960年高中毕业后,被学校保送到上海体育学院深造。我的体育成绩还是可以的,1963年我拿到过上海体院运动会投手榴弹第一名。1964年大学毕业,被分配到闸北区(现静安区)古田中学工作。

1965年随古田中学10个班级的学生南移调到华新中学工作,其间曾借调到闸北少体校做教练。1969年,在我任教期间全班54名同学全部上山下乡。1974年2月又因工作需要调到上海市第六十中学(该校是智体双重学校)工作。15年一直从事中学体育教学。在中学任教期间我做过班主任,对学生们的管理是比较严格的。

1965年上海市秋季田径运动会,我赢得了投手榴弹第一名、标枪第六名,学生们都很佩服。当时学校对面就是闸北体育场,我经常去健身房练

荣誉证书

练，一些"调皮捣蛋"的学生跟着我去看看，于是也喜欢体育了。至今他们和我都有联系。1979年9月，因上班路远、孩子年幼，学校、区教育局领导照顾我到长宁区少体校工作，成为了一名教练。

入职外贸，勇挑重担

1985年6月，我调到上海对外贸易学院工作。当时的外贸学院条件较差，尤其是体育设施严重不全，教师队伍流动性也大。入职的时候有体育教师11人（7男4女），之后由于离退休、辞职、出国定居等原因，4人离开。后调入3名女教师，之后又分配进了2名男教师，但这2名男教师相继辞职下海经商，调入的1名女教师结婚去美国定居了，后又分配进了1名女教师。

外贸学院入学分数线一直是很高的，而且女生人数多于男生，如英语专业的行政班二十几个学生中，男同学只有四五人。从开始的华东地区六个省市,后扩招到北京、辽宁、湖北、广东、四川等地,当时也只有招收300多人。有些地区为了抓升学率,高中阶段连体育课都没有的,新生的总体身体素质较差。

当时在外贸部的大力支持下,将学校400米田径场改造成200米半跑道的体育馆及一座25米×21米的室内泳池,1992年竣工后极大地改善了我校体育设施条件。在泳池对外开放的十年过程中我担任了游泳池主任,成立了救生、服务、票务、水质组并落实严格管理从未出现过任何事故。我个人也被评为优秀池主任。

体育教师的工作职责除了上好体育课,还要负责早操值班、学生课外群体竞赛活动组织、裁判工作,有条件的教师还要带队训练,参加市大学生的有关比赛。当时上体育课的形式是:一年级新生上普修课,以行政教学班进行编班上课,着重抓身体素质的提高;二三年级学生根据学生的兴趣爱好,以填写志愿的先后,排班上选修课,选修课种类有篮球、足球、排球、乒乓球、武术、艺术体操、健美等项目。在进一步提高身体素质的基础上,掌握相关项目的技术水平和运动能力,不少运动员就是在选修课上被发现的。

我除了上普修课,还上过女生篮球课、排球课,86年还开设了男生健美课。在课上我与学生们一同练习,课堂气氛十分活跃,不少同学课后还去简易健身房锻炼。由于体育设施条件差,上课内容以徒手及简易器材为主,考试也是因地制宜,如将俯卧撑作为考试项目,学生在练习考试中可连续做几十次,简易可行,使学生终身受益。

我校对体育课一直抓的较紧,从未有过"放羊"现象,刮风下雨也从未停过课,教学大楼、行政办公楼的厅、廊,食堂的楼上、楼下都是我们上课的地方。每个学期都安排教学公开课,课上进行脉搏运动量的测试,课后进行分析讨论,以此来提高课程质量。

1988 年进行体育验收,我们将原先的有关文件进行补充、修改,将研究室的管理文件、教学大纲、教学内容、教学进度都打印成文、装订成册,在当时的全国外语类院校及全国经贸院校中受到了好评。

完善早操,收获认可

我 1985 年来的时候,学校有个四百米田径场,早操就是学生做广播操,一开始学生积极性不高。当时的校领导和我本人都认为早操是学校体育工作中的一部分,对学生养成良好的生活习惯、锻炼习惯都有相当大的作用,达到终身受益的目的,同时也可弥补每周只上一次体育课的不足。后经广泛调研,根据其他学校的经验,我校将开始的早操只做一遍广播操,改为每周三次晨跑,并印制早操考勤卡,由值班教师盖章确认。

之后与学生接触交谈中,学生们也说:当时没现在的条件,也不知时间,早上睡得迷迷糊糊的,实在起不了床,一听到我每天的叫喊声,就起床出操了,并希望我这样提醒他们,早操对学校的正常教学秩序也起到了保障作用。在与毕业后走上工作岗位的同学交流中,他们深深感谢我们的良苦用心,全是为了他们好,故在他们的生涯中对我留下了较为深刻的印象,更成为了我多年如一日、坚持每天叫学生起床出操的动力。

我们还将上课考勤、早操考勤与体育成绩直接挂钩,如上课考勤缺席一次,直接扣体育成绩一分,缺勤达三分之一的不评成绩,直接重修;

早操采用双重扣分法,缺勤三分之一的不评体育成绩,直接重修,对未完成规定任务的,除直接扣 10 分外(占总成绩的 10%),另外缺一次再扣一分,如缺勤 10 次,则扣体育成绩 20 分。对于早操缺勤导致成绩不及格的,补考根据缺啥补啥的规定,在补足缺勤次数后,方准予及格。在学分绩点的制度下,极大地引起了学生的重视,对早操也起到一定的保障作用。对早操中作弊的,代他人盖章甚至私刻教师工作用章等,进行公开检查,严重的全校公开批评教育,直至学校纪律处分,甚至影响就业分配。

当然,我们在严格管理的同时,也不缺人性化,如运动队的同学因训练量大、时间长可免操;对出勤最高的男女前 20 名的进行表彰,并给予一定的奖励;对身体素质极差而不及格的学生,补考成绩必须有所提高,如立定跳远提高 1 公分、短跑提高 0.1 秒、耐力跑提高 1 秒,就可补考及格。免操与出勤高的进行奖励,都在一定程度上提高了学生的积极性、上进心。

竞赛荣誉,硕果满堂

我们那时是个小学校,没有特招生,要想在上海市大学生体育比赛中获得一个名次是非常不容易的,尤其是田径项目。又因为我们学校人少,比赛就参加的少,当时上海高校体委处处长在会上批评说:你们为什么不参加比赛,难道你们学校不上体育课吗? 我回来以后进行了反思,在校领导的极力支持下,当时就组织了田径队,还有一个武术队。在 1987 年上海市大学生田径运动会上,我们取得了男子 800 米第一,男子 4×400 米第一，团体总分 21 分、总分排名第六的成绩，作为无体育特招生的学校真是破天荒，我们没想到，也很惊喜。

我校参加过两届大学生四项素质比赛（规定每校必须参加，男女各十名运动员参加一百米、立定跳远、男子引体向上、男子一千五百米、女子一分钟仰卧起坐、女子八百米）。第一次我校进入团体前十名，第二次在同济大学的比赛取得了男子团体第三名、女子团体第五名的良好成绩。学生沈之叶还取得了男子引体向上单项第一名，这些也说明了我校在教学过程中狠抓发展身体素质的结果是很有成效的。

带队训练的教师对学生的严格要求、严格训练所付出的辛劳，学生运动员刻苦训练、顽强拼搏、为校争光的精神，我觉得应该载入校史，留下师生的英名。齐德承、李爱国、穆益林、冯霞珍、奚瀛茹、崔健、朱炳章在带队训练参加比赛过程中，都取得了较好的成绩。学生运动员郑树昌在 86 年市大运会上获得了男子组 800 米第一名；以郑树昌（经 84 级）、陈长波（经 84 级）、王大鹏（经 83 级）、方嘉喜（经法 85 级）组成的 4×400 米接力队获得了男子组第一名。袁连华（日 92 级）获得男子 200 米第六名，刘文雁（经法 85 级）获得女子七项全能总分第一名，秦怡（日 92 级）获得女子标枪第三名，程志洪（企 93 级）获得男子三级跳远第四名；胡哲（英 90 级）在全国经贸院校田径运动会上获得男子铅球、标枪第一、铁饼第二名，前两项均达到二级运动员标准；武术队的金虹（英 84 级）、王武兵（英 84 级）、张健（经 85 级）、刘长军（经 85 级）均在比赛中获得过前三名，团体成绩仅次于中医大和复旦；女足守门员姜薇（英 83 级）、前锋熊业东（经 85 级）在高校女足比赛中，技术水平得到了各队教练的一致好评；我校学生获得的诸多荣誉在此不一一列举了。

190

上海首届攀岩越野挑战赛（右二为孙伦光）

　　我校的群体竞赛活动做到了"小型多样、经常不断、月月有比赛"，上半年田径运动会，下半年搞"体育节"。组织发动教职员工参加运动会的较正规项目外，还搞了不少的趣味性项目，如自行车8字绕行及比慢、钓鱼、篮球投篮、足球射门、排球上手发球等，教职员工参加人数也不少，特别是当时院长王钟武不但关心还亲自参加，领导起到了榜样带头作用（我也是工会的文体委员）。

　　为丰富学生的课余生活，体育节期间，在校领导的关心支持下，邀请了上海女足来校与我校男足进行友谊练习赛，后又邀请了上海男乒来我校作表演，又邀请了上海女排与复旦女排来校打对抗表演赛，也曾邀请了上海电视台著名体育节目主持人娄一晨来校作讲座。

　　在校领导关心支持下，我校在91年接待了上海高校体育年会与论文报告会，出席会议的有各高校体育部门负责人，正副教授以及论文作者，共计70余人，两次活动反响良好。

谆谆教诲,诚挚祝福

我回顾了几十年的工作,首先是特别感恩党的培养教育,没有共产党就没有我的今天,也不可能成为一名人类灵魂的工程师。如没有领导上级的支持、同事们的鼎力相助、共同努力,不可能搞好各项工作,并取得一些成绩。我得到了领导上级赏识与认可,得到了同事与同学们好评,为此也得到了一些荣誉:在六十中学曾获得区文教战线先进个人,市、区体育战线的先进个人;在长宁区少体校工作时,获得了长宁区工会积极分子和长宁区"五讲四美"积极分子的称号;在外贸学院工作时,被两次记功;2000年夏,被评为学校"最受学生欢迎的教师"。

在体育战线上工作四十多年,是做了一些工作,但还是没有完全做好。我出生在农村,上学过程中没有出过一分钱的学费,中学六年,大学四年一直享受人民助学金,吃饭不要钱,初中时还享受棉袄、棉裤的寒衣补助,是在党的教育培养下成长的。工作后始终保持"不忘初心、牢记使命"的感恩报德的情怀,听从组织的安排和领导。我也总觉得"生不逢时",现在学校条件如此之好,深深羡慕。

对于现代大学生的一些期盼,我觉得大学生要发展耐力,学生每天有一个小时的活动,我看这点很重要。一定要加强体能耐力和身体的锻炼,强健体魄才是做好万事的根本和基础,为祖国建设健康工作"五十年"。

在此,我还有个建议与希望:我们这些老同志对学校的发展还是非常关心的,希望以后有机会和学校党政领导见见面,听听学校情况、发展蓝图与远景规划。我衷心祝愿我校越办越好,让外字头的金字招牌也越发光亮;衷心地祝愿全校师生员工、离退休人员身体健康、心情愉悦、万事如意!

口述者：金永发

我从知识门走过

口述者简历：

　　金永发，1942 年 7 月生于上海市嘉定，1961 年 8 月入伍，1968 年在人民大会堂受到了毛泽东等党和国家领导人的接见。1988 年 2 月转业分配到上海对外贸易学院宣传部，曾任部长兼党办主任、社科部党支部书记等职。2002 年退休，之后参加了校关工委、校老教授协会，同时还参加校退休党支部工作，先任委员又任副书记，2010 年退休党员成立退休总支，连任两届总支书记。业余爱好：喜读中外名著、名人传记，研究中外证券发展史。座右铭：学无止境，滴水穿石。

访谈整理人：张晓晴

应 征 入 伍

1942 年 7 月，我生于上海市嘉定。小学在云翔小学，中学在启良中学（后改为城区一中）。毕业后进入上海市城市建设专科，因参军肄业。1961 年 8 月入伍，历任战士、班长、指导员、宣传干事、新闻干事、文化干事、宣传科长、马克思主义理论教员、团政治委员、总队（师）参谋长。曾就读空军政治学院、国防大学解放军政治学院高级班。我在军队一共待了28 年，曾被评为优秀士兵，也被推选为学习雷锋标兵，1968 年在人民大会堂还受到了毛泽东等党和国家领导人的接见。1970 年，我被评为先锋模范，当年 10 月 1 日受邀参加天安门城楼国庆观礼，再次见到了毛泽东主席。在军队时，曾经担任过政治理论教研员，主要教授《中国革命军队政治建军的传统和实践》《毛泽东同志和毛泽东思想在中国革命实践中领导地位的历史形成的必然性》《毛泽东军事理论和军事指挥艺术》《马克思主义三个来源三个组成部分》这几门课程。1988 年 2 月转业分配到上海对外贸易学院宣传部。

上课铃代替了军号声

今年是上海对外经贸大学 60 周年大庆。六十为一人生甲子,我在知识门下留下了脚印。1988 年是我人生的第二次重大转折。这年春节过后的早春二月,我摘下了领章帽徽,解甲归田,在上海市组织人事部门的安排下,踏进了位于市郊的上海对外贸易学院,负责党务宣传工作。一进校门,迎面一座人字形建筑呈现面前,基座置于一水池之中,一座小桥从人字形建筑中间穿过,给人留下宏伟与优雅完美结合的感觉。有人告诉我说这是"智慧门",也有人说这是"知识门"。有没有人考证就不得而知。

进校第一天,我先到校组织部报到。为我办理接转手续的是毛丽珍老师。她一边为我办手续,一边说,"到地方工作也很好,我爱人也到地方工作了,这所学校蛮好的。"在蛮好声中,我正式成为外贸学院的一员。

既然是校党务宣传工作的负责人,毛老师将我介绍给当时宣传本部唯一的女将张士芬。交接完毕,我简要地了解了一下本部的情况,原来还有一个院报编辑部需要负责。本部办公室是 3 号楼,院报编辑部在 7 号楼,我就"微服私访"一下。敲开门,两位老师隔着两张办公桌对面而坐,见我进来,其中一位女老师问:"你有什么事吗?"我并未亮明身份,回答道:"我刚到学校,到处看看,你们两位贵姓啊?"女老师回答:"我是李士士,他是陶基本。"她见我有点疑惑,听我讲的是普通话,于是提起笔在纸上写下李如如、陶基本六个字,我噢了一下,"原来你叫李如如,不是士大夫的士。"这就算认识了第二位、第三位同事。

告别 7 号楼,临近中午时分,肚子提醒我该开饭啦,在军队里,此时警卫员早已把饭菜准备好，只等我就餐，今天有点茫然，到哪里用餐呢？还是问问接转关系的组织部的同志。一进门，组织部几位估计都已用餐去了，只剩下一位年轻人，我向他打听用餐的地方，他热情地说："噢，你是上午刚来报到的，我带你去食堂。"说罢边下楼边自我介绍："我叫焦景勇"，并从口袋中摸出饭票说："这是买饭菜用的，你先用吧。"这样我吃了第一顿贸院食堂的饭，事后我几次要把饭菜票还给焦景勇，可他执意不收。我吃的第一顿贸院午餐竟然是免费的。

上下课的铃声代替了军营里的军号声，在面前晃动的穿着五颜六色的男女年轻学子代替了穿着一色草绿军装的年轻士兵。在贸院老师的疑惑中我这"大兵"（是对没有文化知识的军人的"尊称"）上岗了。从一名指挥五千官兵的指挥员变成了指挥本部五名战斗员的战斗小组组长，开始新的生活。

一切从头做起，一切必须亲力亲为，既是指挥员，又是战斗员，可代表学校党政领导出席上海市各级机关召开的会议，又当一名普通工作人员，包括写会标、插彩旗等事务，当然本职工作是理顺本部的各项工作，于是，为党政领导起草各类文件、通知、决定；为院报撰写评论、通讯、特写；惶惶然为师生讲政治理论、时事形势课（我没有教师资格证，严格意义上是不可以的），竟然得到师生们的认可，这才有些安心。

校徽　校歌　校训

闲话少说，不知不觉一年多过去了，贸院人对"大兵"的异样眼光不再，师生们的热情，同志、同事之间的友情渐浓，而我也有种同贸院同呼吸、共命运的感觉,把贸院的荣衰和自己联系在一起。也许从那时起,我才真是贸院人了。那应该为贸院做点什么? 正好,1990 年赶上贸院建校30 周年,我自然成为庆祝学校建立 30 周年活动的主要组织实施者。我安排出版了征文集,取名"春风化雨三十年",并邀请时任国务院经贸部部长李岚清为该征文集题名,还印制了庆祝上海对外贸易学院建校三十周年纪念画册,等等。

一日,我漫步在"知识门"下的小桥上,突然觉得校庆还缺点什么,细想,一所高校怎么连自己的校训还沿用抗大"团结、紧张、严肃、活泼"的八字校训,校徽也是出自校印刷厂排字工的随手之笔,缺乏含义,而且市教委发文不日将举办校歌比赛,我校连校歌的影子都没有,如何参赛? 想到这里,我有些着急。一面向党政领导汇报,求得支持,一面开动脑筋,安排征稿。近一年过去了,全校师生对校训的征询十分踊跃,收到几百件应征稿,但校徽和校歌一无所得。出现这种情况是我始料未及。我一边组织校训审定小组在师生中三次上下遴选,最终选定为"团结、严谨、创新、勤奋"八个字,按照党委领导要求,我又作了含义的详细说明,以学校法规颁布执行,并在教学大楼上,由总务科用钢筋混凝土制成八个大字树立。

校训有了,校徽怎么办? 我伫立在学校大门口,凝望着这拱形建筑,仔细想着校印刷厂印制在教职工名片上的那个圆形图案,缺乏含义,缺乏美感,但有一点特点,那就是图案正中有大门口那个拱形建筑的形象。我整整想了一个星期,考虑到学校的特色,觉得校徽是学校的象征,必须有自己独特内涵和形象,于是我保留原图案的圆形和拱形建筑图案,抹掉了下部篱笆的图形,用一本书托住拱形建筑,赋予该建筑定名为"知识门",在圆形上下边框上,刻上海对外贸易学院中文毛体字和英文全称,而在拱

上海对外贸易学院校徽

形建筑中间上方设计一高飞雄鹰。图案设计好后,我立即让制图厂制成即时贴分发到党政领导和全体师生中征求意见,得到绝大部分师生和党政领导的肯定,但也提出不足,一是知识门中色彩空白不美,二是雄鹰和书本不具有外贸高校特色。

根据大家的意见,我再三思考,决定将知识门中间改为蓝天,上方的雄鹰改为海燕,下方的书本用外贸英文简写构成书本造型,重新制作征求意见,得到大家的一致赞成,学校以校决定的通知下发执行,规定各部门、各系必须严格执行,不得擅自改动。自此,"知识门"实至名归。每当新生入学,学子毕业都要从小桥上走过,表达我已进入知识门,我将走出知识门,从此搏击海洋,飞向世界。

市教委校歌比赛在即,征文一无所得,情急之下,我挥笔写下了《我们欢聚在知识门前》的校歌歌词,邀请调入我校不久负责音乐文化教育的徐家仪老师谱曲,将词曲刊登于院报上抛砖引玉,并号召大家踊跃投稿,可惜竟无人响应。时间不等人,在别无他法的情况下,征得校党政领导同意,立即着手组织师生排练,终于在市教委组织的校歌比赛上亮相,为学校争得一分光。

时光过得真快,学校要发展,我们战斗小组也要扩员。在我任职期间,先后有潘子彦、陆志华等老师加盟。学校就是在众多师生不断加盟中成长壮大的。

落户松江

20世纪九十年代,贸院面临着严重的考验,学校由经贸部转交上海市管辖,面对生存危机,在来校不久的党委书记皮耐安同志努力下,带着我们这些工作人员到张江、闵行、嘉定、青浦、松江等地寻找发展的空间,终于在上海市、松江区领导的支持下,开启了学校发展新局面,我也有幸参加了松江新校区的奠基典礼。

学校迁址的想法是逐步形成的。如果说1995年前学校是因为国家需要发展而发展。那么,从经贸部直属改变为上海市属开始,则是学校主动寻找发展机会,适应国家和上海市地方的需要。1996年党委决定成立五个二级学院,目的就是努力做大蛋糕,防止我校像天津外贸学院被合并的命运,应该在尽可能保证教学质量的前提下,走外延发展的道路。于是,扩大招生力度成几何级数,结果学生宿舍立马告急,先从对面色织厂、南面百科图书馆、北面古北二中着手,均未成功,后到较远的茅台路一处下马的厂房落脚,这时学校领导才意识到另找校址的重要。当时正巧七宝镇机关迁址,愿将三十多亩地的地皮连同房产相送,换取我校落户,我校立即签约。但七宝地块与古北校区尚有距离,房产只能用作教师宿舍,对学校发展作用不大。这时学校党委领导意识到必须另辟蹊径，寻找一个大型的新校区，下定决心后，皮耐安书记带领我们这些工作人员到处寻找，原本最向往的是张江地区，但要价过高，面积太小，此时交大伸出手招呼，其闵行校区尚有500亩空地等我们落座。我校惊了一身汗，交大本就想把我校并入，把工业外贸系升级为外贸学院，我们如果同意落户正好符合交大的规划，我们只得婉言谢绝。又经多处寻找，终于找到了松江，松江区领导为提升区文化氛围，决定提供优惠条件，欢迎上海市区高校落户建大学城，在上海市有关领导的支持下，上外、上外贸两所高校首先表态愿意前去落户，其他几所也愿意去，于是松江大学城轰轰烈烈开建了！

学校党委安排调来不久的高桂花副院长负责筹建，她带领后勤基建部门的工作人员不顾寒暑、不怕辛苦紧锣密鼓地施工。由于工地没有遮阳挡光的地方，现场很多同志被太阳晒黑了，有一次我见到高副院长，和她开玩笑，你可成非洲美女了！高桂花副院长笑着说，为了明年新生能在新校舍上课，我们必须快马加鞭！我又指着几棵刚栽上的大桂花树说，你到处栽桂花树是为自己树碑立传啊？她更笑了，明年新生入学之时正好鸟语花香不是很好吗！至于我，到时候不挨骂就行了！这就是创业者的心态。

经过紧张施工，一座占地700多亩的新校区拔地而起，2001年迎来了第一批贸院新生。其时我已老矣，离开了熟悉的战斗小组，开始了贸大的另一片天地——退休工作的天地。这就是我留在知识门下的脚印，也是为可爱的贸大唱的赞歌。

除了落户松江，学校发展中我亲历几次重要节点。1994年全国工商联主席经叔平来校商谈与美国圣约翰大学联合办学事宜,我负责全程接待;1995年参与了经贸部副部长李国华将我校移交上海市的移交仪式,并参加了上海市副市长谢丽娟接收我校的仪式;国务院副总理李岚清来校视察时,我受皮书记的指派,将我校改革发展的方案文本当面交给李副总理。为了强化学校特色,我也加入了对WTO的研究,为扩大学校的影响,我曾为苏浙沪三省市党政机关、大专院校、党校作50多场报告,我首次提出的"以人为本"理念对WTO的研究论文在上海市"文汇杯"征文中获一等奖。

从1988年进入外贸学院到2002年退休,学校党政重要文件我都参与了起草工作,最重要的有校辅导员工作条例、校思想政治工作报告。1996年根据党委扩大会的决定,我起草下发了各系改建为五个二级学院的决定,迈出了建立大学梦想的第一步。2000年,根据校党委书记皮耐安的思路,组织起草校第一次党代会的工作报告,这个报告对学校的发展描绘了新的蓝图,是学校当今规模的最初构想,对学校日后的发展起到关键性作用!我曾为本校大学生编写了《中国特色社会主义思想教程》《大学生工作研究和指导》专著。我在学校中给学生上的课有:时事形势政策课,《入党是大学生最正确的政治选择》《社会主义历史发展正能量和负能量》《邓小平中国特色社会主义理论是对马克思主义的新发展》等。

致仕退休,老有所为

2002年,我退休后立即参加了校关工委、校老教授协会的工作,主要

金永发老师接受学生"读懂中国"活动访谈

负责大学生党建,给入党积极分子上党课,协助校老教授协会会长组织老师们集中学习和开展日常活动,并担任协会的通讯员,为《上海老教授报》撰稿。同时还参加校退休党支部工作,先后担任委员、副书记。2010年退休党员成立退休总支,我连续两届任总支书记。为维护退休老同志的利益,开展日常组织活动尽心尽职,曾被评为校先进党员,2019年又被评为上海市老干部优秀工作者。

2019年接受"读懂中国"采访,修改征文稿获教育部优秀奖,我写的庆祝新中国成立70周年、改革开放40周年征文《我和桥的合影》获上海市二等奖,写的长诗《我乘坐在飞驰的时代列车上》被长宁区老干办选中参加了庆祝活动的配乐演出,赢得好评。

针对网络上负面消息横行,老教师中一些人真假不辨、转发不实消息,我起草了《净化网络微信空间——从我做起》的倡议书,得到了全体退休党员和大部分老教授的支持。同时我还建立微博平台,撰写博文,传播正能量,两年来发表博文近百篇。例如,去年香港暴乱,我连续发了《香港史话》等博文十多篇,揭露"港独"暴行。今年抗新冠病毒疫情以来,发表博文18篇,有《大考》《你们在冲锋中倒下》颂扬抗疫牺牲的英雄等。最近两个月,为响应习总书记提出的学习"四史"要求,我撰写了《红船的故事》征文、《纪念中国共产党百年百句叙事诗》,还写了社会主义500年通俗史话《新世界纪事录》,继续发挥一个老党员的作用。

最后,作为学校历史上的重要见证人,我写了一首诗作为寄语:

《我们从知识门走来》

春风化雨六十载,我们从知识门走来

六十年前白手起家,历经曲折艰辛的创业年代!

上马为经济繁华扬鞭呐喊,下马同祖国母亲共渡难关

三起二落磨练贸院人的意志,改革开放春风把外贸国门打开!

教育大会扬起希望的风帆,面向世界育新时代栋梁之材

WTO研究特色发扬光大,专业扩容如山花烂漫

诚信宽容学子谨记在心,博学务实教学之花才会盛开

知识门开启腾飞之梦,大学城描新图增光添彩!

教学相长师生同登舞台,教鞭紧跟飞速发展的时代

敢为建设经贸强国担当,大学之门为有备者敞开

今天我们从知识门走来

明天奔向五洲商海

为了中华民族伟大复兴

我们牢记使命勇挑革命重担!

口述者：封福海

做堂堂正正的中国人

口述者简历：

封福海，中共党员，原籍广西，1936年7月出生于泰国，1953年回国定居。1964年毕业于北京外贸学院（今对外经济贸易大学）。1966年8月到上海对外贸易学院工作，1982年至1984年，公派往美国纽约大学学习。曾任上海对外贸易学院院长助理、副院长、院长兼党委书记。曾当选为第七届全国人民代表大会代表。曾任中国市场学会常务理事、上海市场学会会长、上海市侨联委员。1986年被经贸部评为全国外贸系统优秀教师。1993年起荣获国务院政府特殊津贴。1994年起任驻丹麦经济商务参赞，1997年后退休。任职期间曾筹建国际企业管理专业，建立上海对外贸易学院联合发展教育基金，并实现了学院从部委直属到划归地方的平稳过渡。业余爱好：运动。人生格言：做一个堂堂正正的中国人。

访谈整理人：官善明、曹伟

一定要回到祖国

我祖籍是广西，1936年7月11日出生在泰国南部的勿洞县。按照泰国国籍法，我就是泰国籍了。我是100％的中国人血统，我要做个堂堂正正的中国人，我17岁那年（1953年）放弃泰国籍，经过艰难曲折的行程，终于回到了祖国。

有几个电视剧，我想大家都知道或者也看过，一个叫"走西口"，一个是"闯关东"，还有一个就是"下南洋"。我父母就是20世纪20年代末30年代初下南洋的。所谓南洋，就是指现在的马来西亚、新加坡、泰国、印度尼西亚和菲律宾等东南亚国家。当时许多国家还没有独立，是英国、荷兰、法国和美国的殖民地。

那时候国内民不聊生，没法生活。我母亲常对我说，她嫁到我父亲家第三天就没米下锅了，所以只好外出谋生了。我父亲先出去，母亲后去。先到了马来亚（当时尚未独立，叫马来亚），在那里帮别人割橡胶为生。日子也不好过，然后就到泰国去。我父母挑着行李，在一名向导的带领下，从马来亚走山路进入泰国。我母亲还常对我说，她到达泰国第三天我就出生了，算是第一次偷越国境了。到了泰国后,我父母办了随身证,即外侨居住证,每年还要缴费。在泰国勿洞县,那里华侨很多,我父母买了一块山芭(即原始森林),把树林砍下,让它晒两个月,晒干了放火烧掉,然后在这块土地上种旱稻,两三年后土地没肥力了,就种橡胶树,等树长大后,再割橡胶。

1942年日本侵略南洋时,我已经懂事了,一天忽然听说日本兵来了,我们一家人和村里的其他人连夜冒雨逃到大山芭里躲避日本兵,再次在山里开荒种地。直到日本投降后,我们一家才回到原先经营的那块橡胶园,以割橡胶为生。日本投降后,当地华人华侨办了一些华文小学,极不正规,有人教就上课,没人教就停了。我父母亲希望我多接受点教育,不要像他们那样连自己的名字都不会写。所以他们想尽办法,把我送到县城里唯一一所比较正规的华文小学——勿洞中华学校去学习。我寄住在亲戚家里,1952年小学毕业,那时我们家的经济条件也好起来,橡胶价上去了。父亲想把我送到泰国首都曼谷继续升学,但是读泰文,我坚决不依,我说我要读中文。

那个时候新中国已经成立了,但泰国没有跟新中国建立外交关系,它仍然保留同台湾国民党政权的所谓"外交关系",国民党的势力还是很强的,尤其是在华文教育方面的影响。但是,当时新中国的影响力在华人华侨社会中也越来越大。华侨青年纷纷回到新中国来。有的把在国内的生活照片寄给我们看,很受鼓舞。我和几个同学商量,提出"我们也回国吧"的想法,大家说好啊!在征得家里同意的前提下,说办就办。但当时我们都是泰国籍,没有中国护照,也不能拿泰国护照。于是我们就托人办了到马来亚的过境手续。但泰国这道关口怎么过去的呢?我们几个小青年骑自行车说是去游玩,嘻嘻哈哈的,从泰国海关附近的小山路混过去,泰国

小学毕业留念

海关也不是很严,以为我们是去玩的。泰马边境上当中有一段真空地带,当时约好的,在那里有汽车接我们,自行车就放在那里,事先约好由小青年混过来把车骑回去。这就是我第二次偷越泰国国境吧。我们坐上汽车就往马来亚驶去,到了马来亚海关,我们已办好了过境手续,很顺利地就到达马来亚槟城,船票也是事先托人买好的,在槟城住了几天,我们登上只有三千吨的货轮"海兴号"。当时马来亚的海关也是英国人控制的,当我们出关登船时,我们的行李箱都被翻个底朝天,我的很多生活照都不让我带。还有我们一同回国的一位华侨,他是兽医,随身带了一些给家畜打针用的针筒,英国人也扣下。新自行车也不让带,我回国时只好买辆旧的。因为针筒和自行车被列为禁止运往中国的战略物资。

从马来西亚槟城,经新加坡、印度尼西亚,一路沿途上船的共有上百位华侨青年,有来自泰国的、缅甸的、马来亚的、印度尼西亚的和新加坡的。在船上经过七天七夜的颠簸,终于到达了香港。我们都是在船舱里,铺上一条草席,就是床了。虽是 11 月份、12 月初,但风浪还是很大,许多人晕船,我把黄疸水都吐出来了,难受得很,有些女青年难受得都哭出来。

到香港时,我们坐小船摆渡上岸,不能停留,在当地警察监管下,我们步行到香港九龙火车站,然后坐火车到深圳罗湖桥。过桥后,第一次看到五星红旗高高飘扬,看到站岗的人民解放军,非常激动。等到入关时,持有护照的归侨都顺利过关了。我们四个泰国来的小青年,没有护照,被卡住了。海关人员把我们四人分开进行个别问询,"你什么证件都没有,为什么要回来?"我说"我是中国人,我爱我们祖国,所以我回来了。"又问,"你还有别的什么证件吗?"我想了想,摸出一本 yellow book,叫黄皮书,我们离开马来亚时都要种牛痘的,种完后就发给我们一本黄皮面的证书。问完我们四个人后,回答都差不多,深圳海关认可了,发给我们四人每人一本"归国华侨证书"。我们终于回到祖国了,非常兴奋。

我们在深圳住了一夜,第二天下午就乘火车去广州了。早上起来吃过早点后,我去理发店理个发。那时深圳只有晚上有电,作照明用,白天是不供电的。理完发后,理发师问我要不要吹风?我说要啊!没电怎么吹风呢?理发师拿来一个大喇叭似的铁皮圆筒,大的一端挂着一个烧木炭的火盆,热气就进入圆筒内,再由小口一端喷出来,理发师就来回地对着我头发吹。这就是当时理发店的吹风机,是我第一次见到,所以印象很深。

我现在完全可以见证,那时的深圳的的确确是个小渔村,就有两条街,都是平房,是土路。有的还是茅草房。我没有看到一辆汽车。而经过四十多年的改革开放,现在的深圳已变成一个现代化程度很高,有 1200 万人口的,世界知名度很高的大都市了。

1953 年 12 月 27 日刚回国时摄于黄花岗

求学在京沪

我们在广州华侨招待所住了一个来月,也没有学习的机会,招待所领导说,北京有个华侨补习学校,你们还是到北京去吧。因为我们文化水平低,想学习,于是我们四人又一起去北京。那个时候从广州到北京要坐几天几夜的火车,到了武昌,我们乘客要自己拿着行李,走到长江边,坐摆渡船到对岸,再坐人力车到汉口火车站,换上京汉线的火车继续北上。到北京后,我们从前门火车站坐马车,到地处阜成门外的北京华侨补习学校。补习学校离钓鱼台不远,那里有池塘,有块很大的石头,像个大平台,真的有人在那里钓鱼。当时还是个景点呢,我们常去那里玩。

在北京华侨补习学校补习半年,1954 年 8 月份,我们一同回国的四个人,一个被分到天津,一个被分到河北唐山,我和另一位姓文的同学被分配到上海。他在上海控江中学,我在上海曹杨中学学习。当时曹杨中学,控江中学,上海中学,第三女中,第四女中,第八女中,都是接待归侨学生的重点学校,教师也是调配水平高的给归侨班上课。曹杨中学先后接收八百多名侨生,最多时在校侨生达到六个班级,300多人。

我在曹杨中学刻苦学习,严格要求自己,初中毕业直升高中,班主任叫我当个学习小组长,我很紧张,不知怎么做。1955年班主任介绍我加入了青年团,后来当了团支部书记、学校团委委员,让我得到了锻炼和提高。1959年高中毕业考大学,招生广告和专业介绍很多,有上海高校、北京高校和其他省市的高校,有工科的、理科的、文科和医科,看得眼花缭乱,不知如何填志愿。我个人比较喜欢上外语的文科专业,但又不喜欢纯外语专业。我看上北京对外贸易学院,但注明外贸机密专业,我就问班主任:"我们侨生能不能报这类专业?"他鼓励我说,"可以的,你报考吧!"于是我就报考了北京对外贸易学院。高考过后,市侨联组织侨生到浙江省新安江水电站(建设中)去旅游参观。旅游回来,同学告诉我说,"你被录取了,祝贺你!"我急忙打开录取通知书看,是北京对外贸易学院,是我理想的学校,高兴极了。

1959年8月28日晚八九点钟,上海铁路局为我们考取北方各大学的学生开出学生专列,直到8月31日上午才到达北京,在火车上待了三个晚上两个白天,逢车必让,真够受的。

北京对外贸易学院是1954年建校的,校址在北京旧鼓楼前马厂,都是些平房,住的条件也差,宿舍里没有卫生设施,洗脸要到露天外的公共水龙头取水,上厕所要走上五六十米的路。冬天夜里上厕所更不好受。宿舍没有暖气,烧煤球炉取暖。那时学校还有苏联、东德、越南、蒙古国的留学生,他们住在一栋小红楼里,暖气卫生设施齐全,条件比我们好。到1960年下半年,在北京西郊紫竹院附近二里沟的新校舍建成,我们才搬进新校，条件大为改善，暖气热水卫生设施都有了。

学院的师资条件还是很好的，很多老师是从中国人民大学相关系调进来的，由原部属财贸学校并过来的教师，还有从外贸部研究所调去的，如汪尧田教授，他是留学美国哥伦比亚大学的，后来再从北京对外贸易学院调到上海对外贸易学院。北外贸的外语教师水平也很高，很多是留美、留英、留德的老一辈的归国留学生。如，张治中的女儿张素娥就是留学英国的归国留学生。每一个语种都有外国专家上课。

生活上相当艰苦，1960年遇到三年经济困难时期，粮食定量，多是粗粮，天天吃黄芽菜，油水不足，缺乏营养，好些同学出现了浮肿。体育课、晚自修课都停止了。我还好，可能身体底子较好，家里寄点钱给我，凭侨汇券，可以买点大米黄豆之类紧缺的东西，有时家里还从国外寄点罐头食品和猪油给我，星期天我自己拿点米，加点黄豆，到食堂里煮来吃，再加点猪油，就算改善生活了。1963年以后，经党中央的"调整、巩固、充实、提高"方针的贯彻与执行，形势逐渐好转。我是1962年党的生日前加入中国共产党的，也算初步经受住了考验。

那时我们北贸院是五年制，1964年我毕业了，由外贸部统一分配。我们这一届，也是唯一的一届和首都各高校应届毕业生在首都体育场受到我们敬爱的周恩来总理绕场一周接见。周总理在讲话中，要求我们毕业生要过好"三关"，社会关、劳动关和生活关。对总理的教导，我们永远铭记在心。

毕业工作，南下上海

那时候强调要服从国家统一分配，我们毕业生是全国分配的，有分到

1961年10月3日摄于北京对外贸易学院

新疆的,有分到贵州、云南、东北、广西、广东和江浙等省的。东西南北中都有我们北外贸的毕业生。我被留在外贸部研究所,当实习研究员。当时全名是行情研究所,后来改为国际贸易研究所,我被分在商情室,处长是王光美的哥哥王光琦,他不是每天都来上班。我的任务就是每天都要看大量的外国电讯,有美联社、路透社、法新社、日本各通讯社等等。有重要商情或相关消息,要马上翻译成中文,发送给相关处、局领导,重要的消息还要作为特急件直发部领导办公室,如有一次香港银行发生挤兑,我们马上电话报告部长办公室,然后再把详细译文送过去。

我在部里研究所工作了两年,我都尽职尽责,努力把工作做好。其间我还到山西省介休县参加过一期"四清"工作,由卢绪章副部长带队。回到北京后"文化大革命"已经开始了。我接到家里来信说我父亲过世,我心里很难过,自1953年回国后,我再也没有见过父亲面,非常想念他。只有我母亲一人,她在信中表示要回来和我一起过,我心里又急又难过,没有个家怎么办? 我虽已结婚,但当时我爱人在上海瑞金医院工作,两地分

214

1967 上新影

和妻子的合影

居。我向领导提出是否能把我爱人调到北京来工作？她父母姐弟都在北京，她一家也是从泰国勿洞回来的。她姐姐是我同班同学，我爱人当时也在同一学校学习，她比我低班，也算是青梅竹马吧。经请示，回答说当时中央组织部有文规定，分居北京和外地的夫妻，外地的不能调入北京，只能北京一方调往配偶所在地。为了照顾我的特殊情况，人事部门问我要不要调到上海对外贸易学院，也是部属单位，受外贸部领导。我马上表示我愿意调到上海对外贸易学院。我庆幸当时愿来上海的决定，我还是喜欢生活在上海。

我与上外贸共命运

1966 年 8 月份，我调来上海，到上海对外贸易学院报到后被分到外贸经济系英语一年级教学组。

现在我再回过头去说上海对外贸易学院的建校简史。上外贸是 1960

年创立的，58年大跃进，要大量出口，人才跟不上，要加快培养，就把上海外贸局的一个干部培训学校，合并到上海外国语学院，成立了一个外贸外语系。1958年招了280多人，1959年再招197人，两年下来招了480多人。在这个基础上，1960年上海对外贸易学院就正式成立了。校址就在古北路西侧，当时属于上海县，是郊区户口。这里原来是农村菜地，教学大楼高五层，是这片地区最高的建筑了。

三年经济困难时期，教育部提出，上海对外贸易学院是否值得单独存在？后来批准，1962年6月，上海对外贸易学院撤销，并到上海外国语学院去。教职工都并过去，图书资料电教设备等大多分到外语学院，其他设备由市教育局分到有关单位。

随着全国形势的好转，1964年中央对外贸部领导提出恢复上海对外贸易学院的意见。经过努力，上海对外贸易学院获准复校，1964年9月7日正式开学。原来并到外语学院的教职员工再回到外贸学院，图书资料也要回一部分，但电教设备却要不回来了。于是1964年外贸学院又开始招生了，这是上海对外贸易学院的"二起"。

1966年"文革"开始，学校停止招生了。我就是这年8月从北京调到上海对外贸易学院的。我刚到校不久，不了解情况，就参加了一个经济系青年教师组成的叫"尽朝晖"的组织。1966年底，学校在古北路西侧，离学校只有二三百米的地方，新建成了一栋四层楼高的教工宿舍，我分得了一间16平方米的顶层的住房，高兴极了，我总算有个自己的"窝"了，像个家了。

1968年上半年，接到母亲来信说，她将于5月份坐船到广州，我马上请假赶到广州，得知她已被安置在临时接待站去了，我赶紧过去。我终于见到我15年未曾见面的，我日夜思念的母亲了。我走到她跟前，她说：

"你是谁?"完全不认得我了,我已长大成人了,也健壮了许多。我说:"我是阿海呀!是您儿子呀!"她上下左右地看了一遍,终于热泪盈眶地说,"你真是阿海啊!"她紧紧地拉住我的手,生怕我走开似的。我们母子高兴地打开了话匣子。我女儿也刚满月,可说是双喜临门了。我们四口之家住在16平方米里,虽挤了点,也尽享天伦之乐。后来工宣队领导来看望我们,说太挤了。在房源十分紧缺的情况下,再增配一间10平方米的房间给我们。在当时是很难办到的,我们十分感激。

1969年要备战、要深挖防空洞,工宣队把我们教职员工安排到上海郊区的诸翟公社参加农业劳动,住在农民家里,不过是我们学校派人集体做饭。在那里住了半年多。1970年回到学校,组织我们在学校进门左侧的一块空地,轮班挖防空洞,既无水泥,更无钢筋,成了积水洞,最后还是填了。

1971年我被工宣队安排去凤阳"五七"干校劳动,那里的确很穷,后来却变成包产到户全国有名的地方。当时在凤阳大庙公社办"五七"干校的还有上海外国语学院、上海工学院和上海机械学院。据报道,1974年李克强同志也是在凤阳大庙公社插队的,他现在是我们国家总理。

我在"五七"干校劳动了一年,什么活都干,挑大粪、挑黄沙、撒肥、割麦子……1972年5月,上海对外贸易学院再次撤销,还是并到上海外国语学院,同年6月我们从干校回上海,直接到上海外国语学院报到。1973年前后,上海外国语学院招工农兵学员。一般是由工厂和生产队推荐,学校派人去择优录取。我开始教一年级英语。那时候"左"的思想还是很明显,因为我有海外关系,尽管我是共产党员,但是不能接触外事。有些单位要借我去当几天临时翻译,但被阻止了,说我有海外关系,不能去当翻译。和学生一起到工厂去劳动，有的是保密车间，学生可以进去，我却不能进去，只能在外面干些露天活。我女儿读小学，她班主任推荐她考外国语学校，也被她学校领导拒绝了。我很难过，但我不服，我写信给市统战部和解放日报，经上面派人来调查，并责令该小学领导让我女儿去补考，她也争气，被上海外国语学校录取了。解放日报还就这件事作了报道，并批评了这种错误做法。

1978年，听说上海对外贸易学院要再次复校，我很高兴，马上找领导说我要回外贸学院，我学的就是外贸专业，回去干我的本行。但不同意，我继续找领导坚持要回外贸学院，最后我找到院党委书记韩宗琦同志，是老相识了。韩宗琦同志原来是上海市外贸局的副局长，1964年外贸学院复校时，他被调到外贸学院当常务副院长，1966年我从北京调来上海对外贸易学院时，是他第一次接见我，后来我们一起挖防空洞，又一起到凤阳五七干校劳动了一年。并到外语学院后，他当了外语学院的党委书记，开始他也不同意我走。他说，"福海啊！其实我也想回外贸学院，但实际情况不允许。"就这样坚持要求，我终于能回到上海对外贸易学院了，我感谢这位老领导，他在华东医院住院时，我还去看望过他几次，可惜他已走了一年多了，我依旧怀念他。

1978年1月上海对外贸易学院开始招生，1979年1月14日新生报到，1979年2月正式上课。这是上海对外贸易学院第三次"崛起"，令人欣慰与高兴，我被分到外语系当英语老师。当时学校非常困难，缺师资、缺图书资料、缺电教设备。而外面又需要大量外贸人才，工业办公委、国防办公委、财贸办、集体办等都要求我们帮他们培训干部，或派教师去帮他们开培训班。

公派赴美学习

为了解决师资问题，学校采取了各种措施，一个是公开招聘，效果不大，只招了十几个人；二是从全国挖掘文物似的寻找凡是北京外贸学院和上海对外贸易学院毕业出去的都要回来，先后从四川、安徽、北京、江苏、天津等省市挖回来十多位教师；三是到上海市各外贸公司，请求他们支援我们一些老业务员，他们很有实践经验，让他们上外贸业务课。像吴百福、周秉成等都是外贸业务老法师；四是派些教师到国外大学去学习进修，但是名额有限。当时国家教委给我们学校两个名额，一个去日本，要会日语的，一个去美国，要会英语的。学校领导通知四位青年教师参加英语考试，我是其中之一。先到上海外国语学院参加全市统一的出国人员英语考试，回到学校还要参加业务课考试。我是 1979 年 2 月接到通知参加出国考试的，感到很高兴，机会难得，同时也有些紧张，深感责任重大。我真是废寝忘食地投入备考复习，1980 年的春节我也当作复习的好机会。在"文革"中，我也没有放弃外语和外贸业务的学习，最后我被录取了。

录取之后，还得自己去联系学校，这对我来说的确是个难题，只好通过我大学的同班同学，当时他是我国驻美使馆商务处的三秘，请他帮忙，他再通过朋友帮忙，联系上纽约大学。

1982 年春节一过，我就告别家人飞往美国。为了省钱，尽量多带些生活用品，如牛奶锅、小菜刀等等。在旧金山过关时，美国关员问我为什么带这些东西，美国有卖的。我说方便，不用再买了，他也笑了。

刚到美国纽约时，感到很兴奋，高楼林立，夜里灯光璀璨，高速公路、立交桥车水马龙。而当时的上海就显得落后许多,只有国际饭店、上海大厦、和平饭店等算得上高楼大厦。马路上都是自行车,人们的衣着是一片蓝色的海洋。而现在的上海,无论是现代化程度,灯光夜景、安全、卫生等方面,都不比纽约差,有许多方面超过纽约,尤其是地铁、安全、卫生等更为突出。

我在美国纽约大学工商管理研究院学习工商管理等方面的课程,此外,还要学宏观经济学、金融学等。其中我把重点放在市场营销上。因为刚刚改革开放,这门学科在我国基本上还是空白点。在美国两年,我是抓紧一切时间,如饥似渴地尽量争取多学点东西,确实收获不小。除了学习专业知识外,还学习了他们灵活多样的教学方法。比如,案例教学,教与学互动,课堂讨论等。教师讲完课后,布置学生去看数十页甚至上百页的课文和参考书,下次上课时,他先问学生有什么问题和不明白的地方,如果没有,他又开始讲新的东西了。于是有一次我问教授为什么不讲课文上的内容? 他回答说,你们都没有提出问题,说明你们懂了,为什么我还要浪费宝贵的时间来重复一遍呢? 所以我感悟到,在大量阅读的基础上,学生一定要善于发现问题,敢于提出问题,而这正是我们中国学生的弱点。

还有案例分析,有成功的案例,也有失败的案例。一个案例下来,班级分成几个小组讨论分析其中的成败原因,然后每个小组推荐一位学生出来陈述他们讨论的情况和结论,各组陈述完毕后,教授出来总结与归纳,他也不说哪个对,哪个错,让学生自己去思考。有时教授还请些公司的业务经理或业务员来课堂讲课。比如广告学,他就请广告公司的业务经理或业务员来讲他们是如何推销商品的,讲台上还放着若干种产品,现场介绍,学生很感兴趣。有的是课本上没有提到过的经验与方法。

1982年在美国学习留影

1990年,通过联合国国际贸易中心(I.T.C.)项目,领导又派我到美国休斯敦大学去了半年,当时我已是副院长,分管教学和外事。在那里一边听些课,学习他们的教学方式,一边观摩他们的领导模式,参加校领导的一些会议,我还重点学习了一门组织领导学,很有帮助。开阔了我的视野,有助于提升我的领导能力和水平。包括学习、开会、交流我先后去过美国四次,其中最长的是从1982年到1984年,在纽约整整生活了两年,在休斯敦待了半年,短的只有十几天,到过美国许多大城市,但总的来说,除了学习外,美国留给我的印象并不美。纽约唐人街、美国黑人聚居的街区的脏乱差,让人难以置信是在美国。每天听广播或看电视,不是这里死人就是那里死人,不是这里枪击就是那里有人被抢劫,如果哪一天没有这些案件发生,那就是大消息了。当然美国好的东西我们肯定要学,比如他们的创新精神,他们对教育和科研的重视与投入,都值得我们学习和借鉴。

回国参与学校建设

1984 年从美国回来后,我不在外语系了,被分到新设立的企业管理系。班子由四人组成,郑汉民、陈舜年、黄燕都是精通业务的老教师,我任书记。课程怎么设置? 我们确实没有这方面的经验。外贸部把北京、上海、广州、天津四所部属院校有关领导集中起来研究讨论,因为其他几所院校也建立了企管系、经济合作系等。我们进行了初步梳理,部里通过与联合国国际贸易中心(I.T.C.)协商,请他们(I.T.C.)出面组织美国、英国、法国、加拿大、荷兰等国有关大学教授与我们四所院校共同研讨确定相关课程,并由他们资助组织我们四所院校的分管领导及外贸部人教部门的领导出国参观有关院校,与上述外国专家教授开研讨会。

刚建系时,我们初步确定一些基本课程,边使用边修改充实提高。与外国专家一起开的教材研讨会都是我去参加的,第一次于 1986 年夏在美国休斯敦开,回来后我们根据专家意见作了补充;第二次研讨会是 1987 年夏在日内瓦开,然后根据 I.T.C.的计划安排,我们再到荷兰商学院、法国商学院和布鲁塞尔欧盟总部参观,一路走,一路开会;1988 年第三次研讨会在我们学校开,外国专家教授都前来参加,当时学校条件较简陋,最好的会议室就是电教馆的 201 会议室;1989 年冬,最后一次会议再次到日内瓦开,把相关课程定下来,然后到英国参观后回国。所以说我们当时用的课程和教材都不是凭空想出来的,而是经过国内外专家教授反复推敲论证后定下来的。当然,30 年过去了,我们的教材与课程设置也要与时俱进!

为了提高教学水平,外经贸部和I.T.C.还积极帮助我们四所部属院校派教师到欧美日各国大学去培训,有的还读硕士和博士学位。从1985年开始到90年代初,我们学校先后派出20多位中青年教师到国外大学进修学习,以青年教师为主。当时我是分管教学与外事的副院长。希望他们回来后,成为我院教师队伍中的骨干,结果并不如想象中的那么美满。有的到期回来,继续留校任教;有的回来执教几年后,离开学校;有的回来报销完机票等费用后,马上提出辞职申请;有的一去不复返,令人心寒与难过。

1978年复校后,那是刚刚改革开放,考生抢着报外贸学院,当时的分数线比复旦大学还高。比如,1978年第一批招生人数,原计划招收150到200人,结果要求一再加码,最后实招321人。

我们学校不属于第一批招生,放在第二批,到后来我们招进来的学生男女生比例失衡,女生最高时占70%—80%,这可不行啊!外贸干部不能光培养女的,阿拉伯等中东国家,女的去就不方便。到部里开会时,我向分管领导李岚清副部长提出,能否让我们学校参加第一批招生?他答应和上海市领导协商,这之后,我们学校才有部分专业参加第一批招生。我们招生地区除上海市,还包括江苏、浙江、福建、江西、安徽和山东。这些省让我们第一批招生,随之男生比例大幅提升。毕业分配时,上海学生以上海到苏州为半径,再远的地方就不大愿意去了,所以当时分到部里的大部分是外地生。

随着学生的增加,图书资料、电教设备等严重不足。1964年复校时,图书资料电教设备要回了一部分,教师也都回来了。但1978年复校时,教师大部分都不愿回来了,他们说被折腾得怕了。图书资料、电教设备也

1987 年 8 月日内瓦湖畔留影

没有了,"人财两空"重起炉灶。部里下决心,批外汇订些国外的图书资料,派人到香港购买电教设备,外语教师每人发一部手提录音机。电教室、电脑室由香港派人来组装。80 年代每位外语教师配一部录音机真不容易了,上海外国语学院也办不到。

经过上下齐心协力,上海对外贸易学院逐渐走上正轨,健康发展。原来我还兼市场学的课,后来工作越来越忙,1987 年我被选为上海市长宁区第九届人大代表,1988 年又当选第七届全国人民代表大会代表,工作更忙了,所以我就不再兼课了,经常到区里和市里开会,要视察,听取选民意见,还要去外贸公司听取意见,从北京开完会回来后,还要向外贸公司、向区里、向本院传达会议精神。在 1988 年七届人大第一次代表大会上,我向大会提出建议,希望放权让上海有更多从事进出口业务的公司;同时,上海有很好的工业基础,是个大港口,又有各个方面的人才,希望中央给上海享受类似特区的待遇,这样上海会发展得更快。

224

担任院长及学院并转风波

1992年老院长王钟武同志退休了,党委书记程远庄同志也同时离休了。部里任命我当院长,书记由部里派来,张贵相同志,也是北京外贸学院毕业的,他比我高一届。原来是部办公厅主任,后来被派往印度尼西亚我使馆当参赞。1992年4月份到院报到,征得市教卫党委同意,任上海对外贸易学院党委书记。我们搭档了三个月,同年暑假,他回北京家里,感到身体不适,到医院里检查,发现得了肝病,可能是在印尼工作时感染上了,并发出了病危通知,我还到北京隔着玻璃看望他。后来虽然治好了,但他再也没有回上海贸院复职。于是上面再次下文让我兼代理书记,压力真大啊!原来我当副院长时,遇到重大问题,上面首先有院长和书记顶着。而现在院长书记一起并兼,什么事解决不了,最后都来找我。住房问题没解决好来找我,高级职称评不上也找我。我头发原来是黑的,很快就变白了。有的老师问我头发为什么白得这么快,我说压力大呀!

那时候学校经费并不宽裕,一年的正常经费也就六七百万元,如果有什么项目要花钱,就要专项上报,专款专用,为了钱要经常往部里跑,有时开玩笑说,这叫"跑部钱进"。

为了解决经费不足问题,要想办法开拓财源。有一次市里召集高校领导开会,我听其中一所高校,也就是现在的上海财大介绍他们成立了什么基金会的情况,很受启发。回来后,我就同其他领导同志殷大发、陈元龙、卢曾玺、陈忠培等商量,大家一致同意,我们立刻向部里申请成立一个教育发展基金会,部里很快就同意了。

　　说干就干,校领导全部出动,包括时任上海外国语学院党委书记(原上海对外贸易学院常务副院长,原上海市外贸局副局长)韩宗琦同志,我也去请求他帮忙,他爽快地答应了,帮我们疏通一些外贸公司经理的关系,再次为上外贸出了力。全院上下,包括一些原外贸公司过来的老师,分头到上海各外贸公司,有的到浙江外经贸委,我本人除在跑外贸公司外,还到江苏省外经贸委和安徽省外经贸委请求他们给予支持。功夫不负有心人,上海各外贸公司有的捐 5 万元,有捐 10 万、20 万、30 万的,其中最多的是上海兰生公司,捐助 10 万美元,也就是七十多万人民币了。江浙皖三省也各捐了数十万元人民币,经过近一年的筹措,共筹集了五百多万元人民币,作为上海对外贸易学院教育发展基金。1993 年 10 月举行了上海对外贸易学院教育发展基金成立大会,上海教委、上海外经贸委、苏浙皖三省外经贸委都派代表参加大会。

　　也就是在 1993 年底,1994 年初,中央决定各部属院校要并转或划归地方管,各部不再管学校了。不久广州外贸学院并到广州外语学院,变成了现在的广东外语外贸大学,天津外贸学院被南开大学吞并了,北京的对外经贸大学维持现状。我们上海对外贸易学院也处于风雨飘摇中,人心惶惶,担心再一次被吞并掉。果然不出所料,上海交通大学党委书记王宗光、校长翁史烈两位副部级校领导首先找上门来,我和本院党委副书记兼副院长殷大发同志接待他们二位。对方提出希望我们上海对外贸易学院并到交大去。当时,我们的态度也很明确坚定,我们坚持上海对外贸易学院单独存在,这是形势发展的客观需要,我们不同意并过去,也不改名。我说如果上级领导一定要并转,我没有办法,只好服从命令。接着第二批,原全国政协副主席经叔平,我国前驻联合国代表梁于蕃,他们二位都是原上海圣约翰大学的校友。都是有名望的人物，找到我们学校来，也是我接待，他们代表圣约翰校友会，希望把外贸学院接过去，转为圣约翰校友会的民办大学，名字都想好了，叫"上海申江大学"，他们能筹集到两千万美元，也就是一亿多人民币了，是个不小的数字。那时我们一年的经费也只有六七百万元人民币。我们的态度还是不变，保留上海对外贸易学院的名称。后来市教委王生洪来了解情况，最后国家教委主任朱开轩也来视察调研，都是我接待的。后经外经贸部、国家教委和上海市领导多方协调，最后决定由外经贸部划归上海市管理，上海对外贸易学院保留了下来。

1994年10月，外经贸部派我到丹麦任经济商务参赞，外贸学院党委书记的位置由皮耐安同志接替，院长还是我挂名直至1995年底，由王新奎副院长主持院长工作。

商务参赞的经历

1994年到1997年，我在中国驻丹麦大使馆任经济商务参赞。三年下来，很有些体会。很重要的一点就是国家要强大，弱国无外交，至少他不会重视你，即使你有理，有时他也不睬你。发展中国家驻丹麦的商务参赞有个松散的联谊会，轮流当召集人，每隔两三个月，搞一次联谊交流活动，彼此轻松地交谈，交流对一些问题的看法。如，亚洲国家印尼和泰国的参赞，有时谈到他们约见丹麦外交部交涉有关商务方面的问题，丹方回答时间排满了，有时就在电话里敷衍几句了事，他们对丹方这种态度很有意见，问我有没有遇到过这种情况，我说没有啊！我每次约见，没有一次爽约的。我想这不是我封某有什么大本事,而是我后面有强大的国家做后盾,我们国家又是联合国常任理事国,还有一个十几亿人口的广阔市场,他们不敢轻易忽视。

1995年美国唆使丹麦在联合国挑头控告我国的所谓"人权"问题。我们进行交涉,警告丹麦不要伤害两国关系,但他们不听,还在报刊上发文章攻击我们,说什么中国跳起来像头狮子,落下来像只绵羊,意思是指我们口头硬,不会采取什么行动的,没啥了不起的。结果,我们马上采取措施,把几个本来打算访问丹麦的省部级代表团取消了,把丹麦准备访华的同级代表团也取消了。我们减少或取消了从丹麦进口的订单,丹麦的一些医药和医疗用品,还有他的风力发电和水泥厂设备等还是比较好,我国很多水泥厂设备是从丹麦进口的,它的农产品如猪肉及种猪都向我们出口。丹方以为这种局面很快就会过去。但我们坚决不让步,三四个月过去了,丹方感到紧张,开始软下来了。当年年底,他们议会的议长出访蒙古国,要路过北京,丹麦的外交大臣请议长和北京方面沟通沟通,解释一下,议长说这不是他的职责,带封信可以。去的时候把信带到北京了,信的内容我不得而知。当这位议长从蒙古国回去再次路过北京时,我们人大的一位领导会见了这位丹麦的议长,表明关系有所缓和。

在关系紧张的几个月里,丹麦的企业家可急坏了。他们纷纷向我们使馆表明态度,他们反对丹方政府的做法,他们要和中国友好,要和中国做生意,其中有一家大公司在天津投资设厂专门生产冷暖气调节开关阀门的。这家公司的高管,专门派一架小飞机到首都哥本哈根,把我们大使和我接送到他工厂所在的另一个岛上参观,并举行高规格家宴欢迎我们,一再表示友好,要和我们做生意。我们进行了有理有利有节的斗争,取得

在丹麦接待国务委员宋健同志

了胜利。我深深感到,我们从事涉外工作的人员,任何时候都要把国家的
尊严和利益放在头等重要的位置上。

退　休

1997年从丹麦回到上海,10月份休假结束后,我即向皮耐安书记提
出退休,因我年龄已到。11月办妥退休手续,并领取退休金。有些民办大
学请我去当校长,我一概婉拒。

退休后,我就接过退休支部书记的位置,开始人不多,后来退休党员
多了,成立党总支,我继续任书记。同时,市侨联叫我参加上海市华侨历
史学会,挂个副会长的名称。后来王钟武老院长让我接替他任校老教授
协会会长。退休第二年,大约是1998年或1999年,院里成立关心下一代
工作委员会,让我任讲师团团长。关工委主任由在职院领导负责,主要工
作由退休的院领导主持,先是杨葆生,接下来是陈元龙,现在是俞光虹负责。

退休后和老伴赴延安旅游

我每学期给院党校学员做些讲座或座谈,二十多年坚持下来,我还在继续做些力所能及的工作,发挥点余热。其他工作都辞掉了。作为一个共产党员,我还要坚持学习,活到老学到老。

我 的 感 悟

第一,我的选择没错,我的路走对了。20世纪50年代初新中国刚成立不久,在外华侨华人社会中影响越来越大,但国民党的影响仍不小,尤其在华文教育领域中,他们通过多种手段引诱华侨华人青少年到台湾去,但大多数青年选择回到新中国来。热爱祖国,相信共产党,跟党走。这就是我回国的初心。

回国后,虽然经历各种困难,"文革"中还背上海外关系的包袱,受到一些不公正的待遇,但我始终无怨无悔,没有退却,而是砥砺前行。我参与了新中国的建设,见证了祖国由穷变富,由富变强,我感到自豪和骄傲。

国家派我到美国去学习,那时刚改革开放,我们国内和美国相比,落差非常大,甚至有些震撼。经常遇上一些美国人问我是日本人还是韩国人?我从不回避,说我是中国人,从上海来的。但也有极少数留学人员,不敢说自己是新中国来的,甚至在美国人面前讲自己国家的坏话,想讨好美国人。结果美国人当场回应说,你连自己的祖国都看不起,这算什么?没出息。这是我在旁边亲耳听到的,真丢人。哪怕我们再穷,也要挺直腰杆,抬起头,做个堂堂正正的中国人。

第二,没有中国共产党的领导,就不能实现中华民族的伟大复兴。自我出生起,连爬带走已经过去85个年头,我经历过二战的逃难艰苦岁月,从小在国外被人看不起,受人欺凌,被称为东亚病夫,海外孤儿。二战以来,亲历世界的巨大变化,整个过程充满着丛林法则,弱肉强食,零和博弈。我深切感到,中华民族的伟大复兴一定要有中国共产党这支核心力量来领导才能实现。一定要有一支由党指挥的,强大的武装力量来保卫我们的胜利果实。所以一定要全面从严治党,全面依法治国。

第三,重视教育,重视科研。未来国家的发展,国力的强盛要靠科技,靠人才,人才靠教育来培养。我从事教育工作几十年,深感立德树人的重要性。我们培养的是社会主义事业的建设者和接班人。我们培养出来的人一定要热爱祖国、忠于祖国、报效祖国。绝不能培养出一些数典忘祖、崇洋媚外的奴才,甚至背叛祖国的民族败类。台湾民进党推行的"台独"教育思想,香港遗留的殖民主义教育思想继续毒害着港台青少年,我们要高度关注和警惕。

对学校的期许

我们学校经过 60 年的艰难曲折,继续砥砺奋进。由 60 年前建校时数百人,发展成为今天一万两千人的大学,各方面都有了长足的进步和发展。领导班子水平高,能力强,团结协作,工作做得很好,很有起色。相信我们学校一定会越来越好。作为一名"老外贸"我由衷感到高兴与欣慰。至于对学校的期许,我在多个场合都谈到过,再提,也是"老调重弹"了。

第一,立德树人,是每个学校的首要任务,我们学校也不例外,我们培养的外经贸人才,一定要胸怀祖国,放眼世界,要求更高,一定要热爱祖国、忠于祖国、报效祖国。我们学校按党的教育方针做得很好。

第二,坚持特色,突出特色,提炼特色。在这方面,学校也制定出了完整的发展规划,在努力贯彻与实践中,我们学校过去培养出的学生,有较高的理论水平,外语好,业务精,有法律基本知识,实践能力强,深受华东六省一市用人单位的欢迎。正因为如此,我们学校有了好名气。

李岚清同志曾多次对我们学校讲过,国际组织也需要人,不是我们不肯派,而是派不出去,缺少这方面的人才。因为要求高,要外语精、业务强、法律基础好。他希望我们学校注意培养这方面的人才。我们学校是最有条件培养这方面的人才,这就是特色。

第三,机构设置不宜过多,战线不宜过长。外贸学院原来只有一个研究所,也出了不少精品。如,对关贸总协定及后来 WTO 的研究,为部里提供咨询,受到部里高度重视,在上海影响也很大。

我们学校是上海外经贸人才培养基地和供应基地之一,同时还应成为上海深化改革开放的智库之一。必要时，可以集中力量就某些当前热门问题或某重点问题发展趋势，开研讨会，或发文章，发出我们学校的声音，供市领导决策参考。

尾　声

上海对外经贸大学走过坎坷曲折艰难的道路，终于走上了康庄大道，快速发展。作为一名"老外贸"，我还要再啰嗦几句，重提这些"坎"：

一、1960年建校，1962年下马，是因为三年经济困难，执行中央决定；

二、1964年复校，1972年撤销并入上海外国语学院，是"文革"造成的；

三、1978年第二次复校，1994年又遇并转风波，是因为中央决定各部委不再办高校，最后决定划归上海市。

愿上海对外经贸大学在康庄大路上奋勇前进，长命百岁再前进！

后　记

如果说,传统历史研究是以"静默"的文字为研究对象,那么口述历史研究就是以"生动"的声音为研究对象,某种程度上,后者的操作难度更大。尽管由于疫情的原因,我们的访谈工作被高度压缩、访谈效果略打折扣,其中还有一些主客观的遗憾,但当完成书稿之际,我们还是由衷地感到欣慰。

这本口述书稿得以完成,首先要感谢接受口述访谈的 15 位受访者。最初,他们给编撰团队的印象,停留在背景资料的字里行间。通过访谈,他们不仅仅是学校历史的亲历者,还是战火硝烟年代的斗士,是满怀爱国热忱的少年,是共和国外交事业的参与者,是改革开放外贸领域的领头羊,是学富五车的智者,是六尺讲台的红烛,更是恬淡豁达的前辈长者。在疫情特殊时期,他们从同意接受访谈,到认真修改访谈提纲;从仔细准备口述发言,到逐字逐句审核文稿。上海对外经贸大学"诚信、宽容、博学、务实"的校训,在他们身上展现得淋漓尽致。他们身上的人格魅力,也深深感染着访谈团队的成员。这里,精选几位团队成员的感悟:

郑珠玲(采访杨葆生老师团队成员):2020 年 5 月,我访谈了杨葆生老师。已 95 岁高龄的杨老师,依然精神矍铄。在访谈阶段,杨老师非常热情,我们一来,便把提前准备好的资料拿给我们看。在审核阶段,杨老师也非常认真地用放大镜一个字一个字地阅读、修改,一句话一句话反复地斟酌。访谈过程总体比较顺利。不过,也出现过一些波折。由于在公共场合访谈,录音中大量的杂音影响了逐字稿的听写,我前后去了三次养老院与杨老师核对稿件。在反复核对的过程中,老先生始终不厌其烦,他严谨细致的精神让我深深地佩服,是我学习的榜样。

刘鹏(采访张杰老师团队成员):整理张杰老师的录音稿前,我怎么也不会想到已经九十二岁的张杰老师是如此的健谈,已是耄耋之年的张老先生仍能清晰地回忆起早年南征北战、中年调岗办学的峥嵘岁月。当谈到在外贸学院的奋斗经历时,张老师提到作为学校后勤管理的主管,他和其他老师每天用小推车到菜市场购买蔬菜肉食,一路肩扛着百余斤的大米回到学校,天天如此;为了改善学生的餐饮条件,他更是天天住在学校,每天一大早起来到食堂察看餐品的软硬程度,尽可能满足来自不同地域的学生的饮食需求。这些事情在今天想来或许只是再普通不过的小事,即使如此,也不见得会有多少人能坚持每天做到。我想,上海对外经贸大学之所以能在艰苦的环境中茁壮成长,正是因为有了这些学为人师、身正为范的老先生。

王言言(采访黄晓光校友团队成员):我的访谈是在线上进行的。很荣幸我的访谈对象是澳大利亚和新西兰银行(中国)有限公司行长、首席执行官及大中华区总裁——黄晓光先生。黄先生是一位通过自己奋斗而成功的令人敬佩的"重量级"人物,能够访谈到黄先生,我真的特别激动,不过没能当面见识到黄先生的风采,略有遗憾。通过对话,我感受到了来自总裁的气场与视野,讲话层次分明,重点突出,条理清晰,有理有据,令人敬畏。与黄先生谈话,感觉自己就像一个无知的孩童在听一位阅历丰富的老师讲述一堂特别励志的职业奋斗课一样,干货满满。此次访谈让我看到了一个成功人士背后的努力与汗水,对即将步入职业生涯的我来说,给了我拼搏与前进的动力,很幸运自己能够有机会参与到这次访谈中来。

张谐怡(采访王锦雯校友团队成员):初见王锦雯女士,给我留下深刻印象的是她特有的亲和力。虽然已年过七旬,但她目光温和而坚定。在临近她家的一间咖啡屋内,她向我娓娓道来她至今的人生轨迹……访谈的最后,她总结道,经历也是人生的一种财富,人生的道路上必然会有坎坷和挫折,唯有不忘初心,负重前行;凡事不要只重视结果,要注重过程,过程如果走好了,结果是水到渠成的事情。正是这种积极乐观而又平和大气的心态,对她的求学与工作生涯产生了深远影响,同时也激励着我。

张晓晴(采访赵宏明老师团队成员):在遥远的美国,赵宏明老师通过微信将他在上海对外经贸大学的这34年经历娓娓展开。我点开语音做记录时,一边惊于赵老师的表述能力,一边感慨求知的力量。作为英语教师的赵老师主动去找领导,表示想要加入涉外经济律师培训班,扩充自己的知识储备。他主动迈出的这一步,改变了整个人生轨迹。伯克利法学院的进修,旧金山律师事务所的实习,赵老师在法律的这条路上越走越远,越走越光明。求知欲是一种能力,让强者更强,人生没有终点,求知无止境。

丁千钧(采访徐雅琴老师团队成员):第一次见到徐雅琴老师时,她拿着一台Ipad和一部智能手机,刚进房间第一件事就是叫我们把她的手机热点打开,她要在Ipad上核对访谈材料。当时,我心里就很佩服这位老师。82岁了,还能如此熟悉数码产品。但真正令我印象深刻的还是复核访谈稿时,徐老师坚持要在她的电脑上修改电子版,但她的电脑过于老旧,无法打开我发给她的电子档。在了解到徐老师会安装软件之后,我就发送了一个 WPS 的安装软件给她,但是很不巧,被徐老师旧电脑上安装的 360 安全卫士阻止安装。一时无法搞定,我决心放弃了,就请徐老师在手写稿上修改,然后再由我手动输入。但是没想到一周后,徐老师竟然把修改好的电子稿文档重新发回给我。原来她自己摸索关闭了 360 安全卫士并成功安装了 WPS 程序,这下把我佩服得五体投地。

官善明(采访封福海老师团队成员):对封福海老院长的访谈中,深切感受到他的爱国热忱。这不像平日空谈爱国坐而论道,也不仅仅是现代人对祖国日益兴盛的由衷自豪,而是一种极其坚定的信念。这种信念支撑着他从南洋出生地辗转返回大陆,在物质条件极其艰苦和个人受到不公正对待时砥砺前行,留学后无视海外优渥的生活一心只想尽早学成归国。与前辈相比,今天爱国似乎是顺理成章的事情,国人享受着经济繁荣生活稳定带来的种种好处。然而正是无数像封院长这样建设者们的筚路蓝缕,才使中国爬出深渊,走向辉煌,这正是鲁迅所谓"中国的脊梁"。最后,令我万分感动的,对于我们发去的整理稿,封院长逐字逐句地抄写、修改,那种热忱而认真地劲头,和他当年的赤子之心何其相似,令人神往。

闫成(采访戴金华老师团队成员):疫情之下的这次访谈尤为特殊,加之戴老师远在澳洲,所以我们之间进行的是线上访谈。虽然在访谈之前我已准备好提纲,但是在访谈之时仍不免感到紧张,戴老师是位十分随和的人,他照着我的提纲一点点拓展下去,讲述着他与外贸学院的点点滴滴,回忆这位老同志激情燃烧的岁月。特别让我深受感动的是在二次校稿的时候,我忘记了时差因素,戴老师收到我的邮件已经是澳洲深夜 11 点,但仍能够快速回复我:小闫,容我这两天仔细看看还有什么需要补充的,辛苦你了。

齐超儒(采访高永富老师团队成员):作为当今国内著名的国际经济法的学者,如果没有这次访谈,我怎么也不会想到高老师竟然是"半路出家"。俗话说隔行如隔山,从外语系到法律系,一切从零开始,从最初的北大进修到海外讲学再到后来参与立法,能够成功完成专业的转变并取得如此成就,这其中的艰辛可想而知。作为法学院的筹建者之一,高老师见证了学校从小到大的全过程,尽管已经退休多年,仍时刻关心学校发展,与学校同呼吸,共命运。

其次,感谢口述访谈团队的成员,他们是齐超儒、郑珠玲、张谐怡、王言言、张晓晴、文星豪、丁千钧、闫成、官善明、王军、赫华程、刘鹏、曹伟。他们都接受过口述史理论和实践训练。但即使如此,今年特殊的情况也给这些"老革命"制造了"新问题"。他们中的大部分人无法返回上海,而少数几位在上海的成员,必须承担起所有现场访谈的任务,常常是一人一天要集中访谈3人。团队成员发挥了互帮互助、不计较个人得失的精神,只为能够完成这一艰巨而有意义的任务。我们为能拥有这样优秀的团队而感到自豪。

最后,要感谢学校退管会、校友会等部门的老师,在整个访谈过程中提供受访者线索、居中联络、审核访谈提纲等,为每次访谈的顺利进行保驾护航。

口述绝不仅仅是一个人说,一个人记录。好的口述文稿不仅应该内容精彩,逻辑清晰,词句通顺,还要能反映口述者的思想乃至性格。从这个角度而言,尽管我们尽可能与受访者共同设计访谈提纲,在互动中努力挖掘受访者的更多经历,尽可能请受访者补充细节,并逐字逐句修改着每一篇文稿……但由于各种主客观原因,这本书肯定存在一些不足。期待读者提出中肯意见！

　　此书为《上海对外经贸大学口述史》第一辑。我们将怀着对历史负责的使命感和责任感，继续这项工作，尽最大可能地记录上海对外经贸大学的办学历程，多角度展现上海对外经贸大学的文脉传承和精神传统！